本书由
中央高校建设世界一流大学（学科）
和特色发展引导专项资金
资助

中南财经政法大学"双一流"建设文库

贸│易│冲│突│系│列│

海外并购整合风险的生成机理、预警机制与治理策略研究

袁天荣 著

中国财经出版传媒集团
中国财政经济出版社

图书在版编目（CIP）数据

海外并购整合风险的生成机理、预警机制与治理策略研究／袁天荣著．——北京：中国财政经济出版社，2019.12

（中南财经政法大学"双一流"建设文库贸易冲突系列）

ISBN 978－7－5095－9446－9

Ⅰ.①海… Ⅱ.①袁… Ⅲ.①企业兼并－跨国兼并－风险管理－研究－中国 Ⅳ.①F279.247

中国版本图书馆 CIP 数据核字（2019）第 254586 号

责任编辑：潘　飞　　　　　责任校对：李　丽
封面设计：陈宇琰

海外并购整合风险的生成机理、预警机制与治理策略研究
HAIWAI BINGGOU ZHENGHE FENGXIAN DE SHENGCHENG
JILI、YUJING JIZHI YU ZHILI CELUE YANJIU

中国财政经济出版社 出版

URL：http：//www.cfeph.cn

E－mail：cfeph @ cfemg.cn

（版权所有　翻印必究）

社址：北京市海淀区阜成路甲 28 号　邮政编码：100142
营销中心电话：010－88191537
北京财经印刷厂印装　各地新华书店经销
787×1092 毫米　16 开　9.25 印张　150 000 字
2019 年 12 月第 1 版　2019 年 12 月北京第 1 次印刷
定价：42.00 元
ISBN 978－7－5095－9446－9
（图书出现印装问题，本社负责调换）
本社质量投诉电话：010－88190744
打击盗版举报热线：010－88191661　QQ：2242791300

总 序

"中南财经政法大学'双一流'建设文库"是中南财经政法大学组织出版的系列学术丛书,是学校"双一流"建设的特色项目和重要学术成果的展现。

中南财经政法大学源起于1948年以邓小平为第一书记的中共中央中原局在挺进中原、解放全中国的革命烽烟中创建的中原大学。1953年,以中原大学财经学院、政法学院为基础,荟萃中南地区多所高等院校的财经、政法系科与学术精英,成立中南财经学院和中南政法学院。之后学校历经湖北大学、湖北财经专科学校、湖北财经学院、复建中南政法学院、中南财经大学的发展时期。2000年5月26日,同根同源的中南财经大学与中南政法学院合并组建"中南财经政法大学",成为一所财经、政法"强强联合"的人文社科类高校。2005年,学校入选国家"211工程"重点建设高校;2011年,学校入选国家"985工程优势学科创新平台"项目重点建设高校;2017年,学校入选世界一流大学和一流学科(简称"双一流")建设高校。70年来,中南财经政法大学与新中国同呼吸、共命运,奋勇投身于中华民族从自强独立走向民主富强的复兴征程,参与缔造了新中国高等财经、政法教育从创立到繁荣的学科历史。

"板凳要坐十年冷,文章不写一句空",作为一所传承红色基因的人文社科大学,中南财经政法大学将范文澜和潘梓年等前贤们坚守的马克思主义革命学风和严谨务实的学术品格内化为学术文化基因。学校继承优良学术传统,深入推进师德师风建设,改革完善人才引育机制,营造风清气正的学术氛围,为人才辈出提供良好的学术环境。入选"双一流"建设高校,是党和国家对学校70年办学历史、办学成就和办学特色的充分认可。"中南大"人不忘初心,牢记使命,以立德树人为根本,以"中国特色、世界一流"为核心,坚持内涵发展,"双一流"建设取得显著进步:学科体系不断健全,人才体系初步成型,师资队伍不断壮大,研究水平和创新能力不断提高,现代大学治理体系不断完善,国际交流合作优化升级，综合实力和核心竞争力显著提升，为在 2048 年建校百年时，实现主干学科跻身世界一流学科行列的发展愿景打下了坚实根基。

"当代中国正经历着我国历史上最为广泛而深刻的社会变革，也正在进行着人类历史上最为宏大而独特的实践创新"，"这是一个需要理论而且一定能够产生理论的时代，这是一个需要思想而且一定能够产生思想的时代"①。坚持和发展中国特色社会主义，统筹推进"五位一体"总体布局和协调推进"四个全面"战略布局，实现"两个一百年"奋斗目标、实现中华民族伟大复兴的中国梦，需要构建中国特色哲学社会科学体系。市场经济就是法治经济，法学和经济学是哲学社会科学的重要支撑学科，是新时代构建中国特色哲学社会科学体系的着力点、着重点。法学与经济学交叉融合成为哲学社会科学创新发展的重要动力，也为塑造中国学术自主性提供了重大机遇。学校坚持财经政法融通的办学定位和学科学术发展战略，"双一流"建设以来，以"法与经济学科群"为引领，以构建中国特色法学和经济学学科、学术、话语体系为己任，立足新时代中国特色社会主义伟大实践，发掘中国传统经济思想、法律文化智慧，提炼中国经济发展与法治实践经验，推动马克思主义法学和经济学中国化、现代化、国际化，产出了一批高质量的研究成果，"中南财经政法大学'双一流'建设文库"即为其中部分学术成果的展现。

文库首批遴选、出版二百余册专著，以区域发展、长江经济带、"一带一路"、创新治理、中国经济发展、贸易冲突、全球治理、数字经济、文化传承、生态文明等十个主题系列呈现，通过问题导向、概念共享，探寻中华文明生生不息的内在复杂性与合理性，阐释新时代中国经济、法治成就与自信，展望人类命运共同体构建过程中所呈现的新生态体系，为解决全球经济、法治问题提供创新性思路和方案，进一步促进财经政法融合发展、范式更新。本文库的著者有德高望重的学科开拓者、奠基人，有风华正茂的学术带头人和领军人物，亦有崭露头角的青年一代，老中青学者秉持家国情怀，述学立论、建言献策，彰显"中南大"经世济民的学术底蕴和薪火相传的人才体系。放眼未来、走向世界，我们以习近平新时代中国特色社会主义思想为指导，砥砺前行，凝心聚

---

① 习近平：《在哲学社会科学工作座谈会上的讲话》，2016 年 5 月 17 日。

力推进"双一流"加快建设、特色建设、高质量建设,开创"中南学派",以中国理论、中国实践引领法学和经济学研究的国际前沿,为世界经济发展、法治建设做出卓越贡献。为此,我们将积极回应社会发展出现的新问题、新趋势,不断推出新的主题系列,以增强文库的开放性和丰富性。

"中南财经政法大学'双一流'建设文库"的出版工作是一个系统工程,它的推进得到相关学院和出版单位的鼎力支持,学者们精益求精、数易其稿,付出极大辛劳。在此,我们向所有作者以及参与编纂工作的同志们致以诚挚的谢意!

因时间所囿,不妥之处还恳请广大读者和同行包涵、指正!

中南财经政法大学校长

前　言

近年来,我国企业海外并购的步伐进一步加快,并购规模迅速扩大,并购交易金额迭创新高。我国政府部门也高度重视企业的海外并购,并在政策上予以大力鼓励和支持,"走出去"战略、"一带一路"倡议和供给侧结构性改革等国家宏观战略有力地推动了产业升级和企业"走出去"的步伐,提升了我国企业海外并购的热度。然而,我国企业迈向国际化的道路并不平坦,海外并购的成功率并不高,主要原因在于并购后的整合计划不到位、整合计划执行不力。管理和控制海外并购整合风险将直接影响到我国企业"走出去"战略的顺利实现。因此,全面、系统梳理海外并购整合风险的内容,深入分析海外并购整合风险"萌芽、成长、爆发"的衍化机理,建立海外并购整合风险预警基本指标体系,构建我国企业海外并购整合风险的全面控制框架体系,有着重要的理论意义和实践意义。

本书采用规范研究与实证研究相结合的方法,以并购理论和风险管理理论为基础,全面、系统、深入地研究了企业海外并购整合风险的生成机理、预警机制与治理策略。

首先,对海外并购整合活动与并购各阶段的关系进行梳理,认为并购整合活动不能与并购各阶段割裂开来,应将并购整合活动与并购各阶段活动紧密结合起来分析并购整合风险。在对并购整合概念重新界定的基础上,结合众多学者相关研究,并融合战略管理、跨文化管理、风险管理等理论,将企业并购整合风险按照"六分法"分为战略整合风险、文化整合风险、组织整合风险、人力资源整合风险、财务整合风险和业务流程整合风险6个方面,按风险类别分析了并购整合风险的表现,以及整合风险的影响因素。

并购整合风险预警研究是整合风险预警机制的核心,主要由并购整合风险指标体系和风险预警模型两个部分构成。由于不同企业所面临的外部环境和内部条件的差别,整合风险指标的侧重点会有所不同,本书采用先建立整合风险预警基本指标体系，再由单个企业在基本指标基础上进行筛选，得到企业整合风险预警指标。对于并购整合风险预警模型的构建，考虑到海外并购整合风险各因素之间存在错综复杂、难以量化的联系，对其识别、量化、评价的难度较大，采用"模糊层次分析法"（FAHP）来测度和评价海外并购整合风险。

我国企业海外并购实践中面临的整合风险是多元的、动态的，综合现有的文献研究以及大量的案例研究，本书提出了海外并购整合风险的全面控制框架，包括并购整合风险控制的目标和原则，海外并购整合风险的识别、评价与测度，以及海外并购整合风险的全面控制思路；进一步提出，海外并购整合风险治理策略包括源头治理策略、分类治理策略和全过程治理策略。

本研究的创新体现在以下方面：第一，构建了由战略整合风险、文化整合风险、组织整合风险、人力资源整合风险、财务整合风险和业务流程整合风险构成的企业海外并购整合风险分析框架。第二，构建了我国企业海外并购整合风险预警基本指标体系。企业整合风险预警可在预警基本指标体系的基础上，结合调查问卷和灰色关联度法进行指标筛选，找出恰当的关键指标，作为建立风险预警模型的基础。第三，构建了我国企业海外并购整合风险的全面控制框架，解决了并购整合风险控制的目标和原则、并购整合风险的识别、评价与测度，以及并购整合风险的全面控制思路。第四，提出了我国企业海外并购整合风险全方位治理策略包括源头治理策略、分类治理策略和全过程治理策略。

尽管本书对企业海外并购整合风险预警机制和治理策略进行了详细深入的分析和探讨，但由于指标的选择和权重的确定带有较强的主观性，需要在现实中进一步验证和调整；同时，建立并购整合风险管理数据库、分析风险预警工作与其他管理系统的衔接等是值得拓展的研究方向。

本书是在教育部人文社科基金项目"企业并购整合风险的生成机理、预警机制与治理策略研究（编号12YJA630181）"的研究成果基础上形成的。杨宝、郭梅香、许如俊、龚小凤、王霞老师等进行了文献资料的收集整理工作，在此一并致谢！

目　录

导　论		1
第一章	**制度背景与理论基础**	**20**
	第一节　我国企业海外并购的制度背景	20
	第二节　我国企业海外并购的特点与动机	25
	第三节　理论基础	32
第二章	**企业海外并购整合风险的诱因与衍化机理**	**37**
	第一节　海外并购整合风险的界定	37
	第二节　海外并购整合风险的诱因分析	43
	第三节　海外并购整合风险的衍化	46
第三章	**海外并购整合风险的预警机制分析**	**49**
	第一节　海外并购整合风险预警机制的内涵和特点	49
	第二节　海外并购整合风险预警机制的构成	52
	第三节　海外并购整合风险预警机制的作用机理	58
	第四节　海外并购整合风险预警机制的实施保障	64
第四章	**海外并购整合风险预警机制实证研究**	**67**
	第一节　海外并购整合风险要素细分与识别	67
	第二节　海外并购整合风险预警指标体系设计	74
	第三节　海外并购整合风险预警指标综合评估模型	84
	第四节　海外并购整合风险预警机制应用案例	91

第五章　海外并购整合风险的控制策略　　　　　　　　　　　**104**
  第一节　海外并购整合风险控制框架的构建　　　　　　　104
  第二节　海外并购整合风险控制的目标与原则　　　　　　105
  第三节　海外并购整合风险的控制策略　　　　　　　　　106
  第四节　海外并购整合风险治理的关键措施　　　　　　　116

结论与展望　　　　　　　　　　　　　　　　　　　　　　　**119**
  第一节　结论　　　　　　　　　　　　　　　　　　　　119
  第二节　研究的局限与展望　　　　　　　　　　　　　　121

参考文献　　　　　　　　　　　　　　　　　　　　　　　　　122

导　论

一、研究背景与意义

（一）研究背景

并购是现代企业发展史上一个十分突出的经济现象，国际上一些成功企业的发展史也是一部成功的并购史。世界著名的通用电气、摩根财团、索尼、埃克森美孚石油公司等无不是通过多次的并购整合完成了自己的扩张之路，成为世界顶级的跨国集团。我国企业也逐步尝试着通过海外并购发展壮大，实现国际化战略目标。

近年来，我国企业海外并购的步伐进一步加快，并购规模迅速扩大，并购交易金额迭创新高。我国政府部门也高度重视企业的海外并购，并在政策上予以大力鼓励和支持，"走出去"战略、"一带一路"倡议和供给侧结构性改革等国家宏观政策有力地推动了产业升级和企业"走出去"的步伐。2000年10月，"十一五"规划中首次提出"走出去"战略。2013年10月，国家主席习近平在出访中亚和东南亚国家期间首次提出了贯穿欧、亚、非大陆的"一带一路"倡议。2014年，我国成为净投资国。2015年3月，国家发展和改革委员会、外交部、商务部联合发布《推动共建丝绸之路经济带和21世纪海上丝绸之路的愿景与行动》，旨在推动沿线国家的文化交流互鉴、经济战略对接，共建开放型世界经济，"一带一路"倡议要求我国企业融入全球产业链和价值链，鼓励对外投融资，大幅增加了沿线国家和地区的海外并购交易数量。2015年11月，中央经济领导小组第11次会议上首次提出了"供给侧结构性改革"，提出了化解产能过剩、降低企业成本、去房地产库存、扩大有效供给和防范化解金融风险五项任务，我国企业将海外投资作为缓解国内产能过剩的途径。2016年3月，"十三五"规划重申了"走出去"战略的重要性，强调"走出去"和"引进来"相结合，我国对外投资规模迅速增长。2017年党的十九大报告指出，建设现代化经济体系必须坚持推动形成全面开放新格局。另外，我国还出台了一系列政策支持企业进行海外并购。2015年4月，国家税务总局出台了服务"一带一路"发展倡议的10项税收措施。2016年4月，国家发展改革委颁布《境外投资项目核准和备案管理办法》，进一步大幅度简化了我国企业海外投资的审批流程；我国政府设立了政策基金和海外投资公司，为海外并购提供财务支持。这些都表明，在今后相当长一段时期内，我国企业海外并购的热度将会持续增强。

通过海外并购，企业能够有效利用海内外市场、资源和技术，提升全球知名度，提高市场占有率，增强企业运营效率和全球竞争力。获取国外关键技术能力及无形资产、快速打入新市场、优化业务组合、扩大市场份额等成为海外并购的主要驱动因素，并购数量和并购交易金额不断创新高。根据我国商务部《对外直接投资发展报告》，2015年，中国跨境并购579起，实际交易总额544.4亿美元。2016年，中国企业跨境并购范围和规模不断扩大，共在全球74个国家（地区）实施对外投资并购765起，实际交易总额1353.3亿美元，均创历史新高。2017年，中国跨国并购投资1196.2亿美元，较上年下降11.6%，合计实施完成并购431起。海外并购成为我国企业"走出去"的重要途径。

由于受到多种因素的影响，我国企业的海外并购活动并非一帆风顺。据德勤会计师事务所2017年对海外并购及并购后整合的调查分析，由我国发起的海外并购案中，约有44%的并购交易案中断，主要原因在于交易谈判失败和尽职调查过程中发现重大风险。有些并购交易，即使能够顺利签订并购交易合同，但也不能确保预期并购目标的顺利实现，其主要原因是并购后整合不力导致并购失败，如并购后的整合计划不到位、并购后的融资策略失当、双方公司的文化不相容等。企业并购后由于并购整合风险导致并购失败的约占整个并购案例的50%。

近年来，我国企业海外收购失败案例屡见不鲜，如中铝并购力拓、腾中并购悍马、上汽收购双龙、TCL收购汤姆逊、平安收购富通、万达集团收购Dick Clark Productions集团等。据波士顿咨询公司（BCG）统计报告，2014年，我国海外并购交易完成率为67%，远低于美、日等发达国家水平；并购失败的损失金额则触目惊心，仅平安并购富通一例在2009年4月的账面损失就高达220亿元人民币之巨，亏损达92.43%。波士顿咨询公司调查认为，并购失败的一个主要因素就是整合，1/3的并购失败都是由于整合不力造成的。上汽收购双龙、TCL收购汤姆逊等案例中，整合失败是并购失败的主要原因。因此，企业海外并购整合给并购成功与否带来了巨大影响，管理和控制海外并购整合风险将直接影响到我国企业"走出去"战略的顺利实现。在我国企业海外并购持续升温的背景下，对企业海外并购整合风险的产生机理、预警机制及治理策略的研究迫在眉睫，进行这方面的研究对于提升企业并购的成功率具有重要的战略意义。

（二）研究意义

惨痛的海外并购失败教训给中国企业敲了一记警钟，意识到并购交易的达成仅仅迈出了万里长征第一步，全球经济的不景气使得我国企业海外并购整合风险进一步加大。2008年美国爆发的金融危机对全球的宏观经济运行造成冲击，触发了希腊债务危机，激发了一些国家长期积累下来的矛盾，使得全球的经济环境越加复杂。国外市场的急剧萎缩使得我国企业跨国经营越发困难，东西方文化差异、东道国经济形势不稳带来的政治动荡、巨额债务、国家对资本流动的管制等因素都会给我国企业海外并购后的整合带来风险。海外并购整合中蕴藏的巨大风险让中国企业更加谨慎，减缓了海外并购的步伐。除了2009年海外并购交易额减少之外，另据《2012年世界投资报告》显示，2011年中国的对外直接投资流出量减少5%，其中，海外并购也相应较少。尽管存在一些国家保护主义的兴起，但海外并购整合失败的前车之鉴无疑也产生了重要影响。

但是，面对困难，我国企业不应该裹足不前。随着国际经济一体化的到来，海外并购成为企业实现国际化、创造新一轮增长点的重要手段。我国企业目前的迫切任务是做好海外并购的各项准备，去发现整合中存在的问题和风险，抓住海外并购的良好机遇，实现自身的国际化战略布局。同时，我国企业成功的海外并购整合对我国经济也会产生有利影响。因此，系统深入研究我国企业海外并购整合风险产生的原因和机理、预警机制与控制措施，无论是对企业自身的长远发展，还是对国家"走出去""一带一路"的实施与实现都具有重大意义。

具体而言，本书的研究意义主要体现在以下5个方面：

1. 有助于系统梳理和构建海外并购整合风险的框架体系。海外并购是一项高风险的投资活动，并购后期的整合直接关系到并购成败。企业海外并购整合风险并非从并购后的整合开始的，而是从并购决策就已开始，贯穿在并购整个过程当中。并购整合风险是伴随着并购的不断推进而不断发生的，并购整合风险种类繁多。很多学者对此进行研究，形成了关于并购整合风险诸多的看法，难以形成一致意见。本书将对海外并购过程中可能出现的整合风险进行系统梳理与分析，从并购过程及内外环境角度对并购整合风险进行归类，目的是构建一套完整的海外并购整合风险框架体系。

2. 有助于建立海外并购整合风险预警机制。近年来，我国企业海外并购数量和并购金额一直呈上升趋势，但是，海外并购的失败率居高不下。究其原因，在于未能充分识别并购整合中的风险，缺乏科学的并购整合风险预警机制。海外并购的高失败率不仅使得企业丧失发展与扩张的机遇，更使得一些企业放慢了走出国门的步伐，失去了本应把握住的机会。有效建立海外并购整合风险预警体系，警示企业在并购整合过程中面临的风险，并采取措施及时防范风险，可有效提高整合成功率，提升并购企业的并购效益，增强我国企业海外并购的信心。拥有海外并购整合风险预防的工具，建立有效的并购整合风险预警机制，我国企业在海外并购浪潮中才能立于不败之地。

3. 有助于构建海外并购整合风险评价指标体系。参与海外并购的双方企业，由于所处的外部环境和内部条件不同，经营管理水平各异，文化和价值观的差异，使得影响并购整合风险的关键点也会有所不同，很有必要在构建海外并购整合风险框架体系的基础上，建立海外并购整合风险评价预警指标体系，在预警基本指标体系的基础上采用"灰色关联度法"进行指标筛选，找出恰当的关键指标，作为建立风险预警模型的基础。本书将通过分析并购关键整合风险的影响因素，并结合专家意见，来构建整合风险预警指标体系。

4. 有助于构建我国企业海外并购整合风险的全面控制框架。我国企业海外并购实践中面临的整合风险是多元的、动态的、错综复杂的，并购整合风险贯穿在整个并购过程之中，影响并购活动的始终。并购整合风险控制的目标是什么？应该遵循哪些原则？海外并购整合风险如何识别、评价与测度？海外并购整合风险如何进行控制？本书将围绕上述问题进行研究，建立我国企业海外并购整合风险的全面控制框架。

5. 有利于促进企业获取海外的技术、市场，提升我国企业核心竞争力。随着我国经济进入新常态，我国经济已经由资源投入、成本拉动模式转向为资源节约、环境保护模式，技术创新已经成为我国经济发展的第一动力，创造高附加值的产品才会加快我国的经济增长。日本作为一个岛国，没有丰富的自然资源与地域面积优势，仍然成为经济强国，原因就在于其注重生产高附加值的产品，利用其独有的技术收取高额的使用费。随着劳动力成本的逐年上升和土地成本的增加，我国已逐渐失去低成本优势，通过整合风险预警，顺利整合并购双方的资源，为企业有效利用技术、扩大市场份额提供帮助，提升企业整体核心竞争力。同时，顺应国家产业结构调整，引导中国企业向高附加值产业发展，加快经济增长步伐。

在当前存在海外并购有利时机的前提下，我国企业因为整合的高失败率而裹足不前，不利于我国企业全球战略布局的形成，影响未来健康发展。同时，我国高额外汇储备无处投资、美元贬值带来的系列损失会进一步加大，而且会出现无法从外部获取战略资源等不利情况。因此，提高海外并购整合成功率是当前重要的战略任务，而如何有效防范并购后整合风险是海外并购成功的关键所在，因此，在企业整合的过程中，一定要对可能存在的风险进行有效控制。建立海外并购整合风险预警机制、及时防范风险，是提高海外并购成功率的有效保证，是目前亟待解决的重要课题。

二、研究思路与方法

（一）研究思路

本书以企业海外并购整合风险预警机制作为研究对象，以竞争优势理论、企业能力理论、跨文化管理理论等为基础，总结了国内外关于并购整合及风险的研究成果，通过系统化分析，构建了风险预警机制的研究框架。具体而言，本书的研究思路为：首先，对企业海外并购整合及其风险进行界定，分析了我国企业海外并购整合面临的环境困境，探讨了整合风险形成和风险预警作用机理的理论基础。其次，构建了由整合风险识别、整合风险预警和整合风险策略组成的海外并购整合风险预警机制。再次，参考我国企业海外并购案例的相关文献，对海外并购整合风险进行识别，按整合风险类别分析了风险影响因素。然后，构建海外并购整合风险预警基本指标体系，提出每个企业可以根据自身的具体情况对基本指标进行筛选，构建企业的风险预警指标体系，再选取适当的模型确定指标权重，进行风险指标计算，确定综合整合风险状况。最后，进一步提出了海外并购整合风险治理策略包括源头治理策略、分类治理策略和全过程治理策略。本书的思路框架见图1。

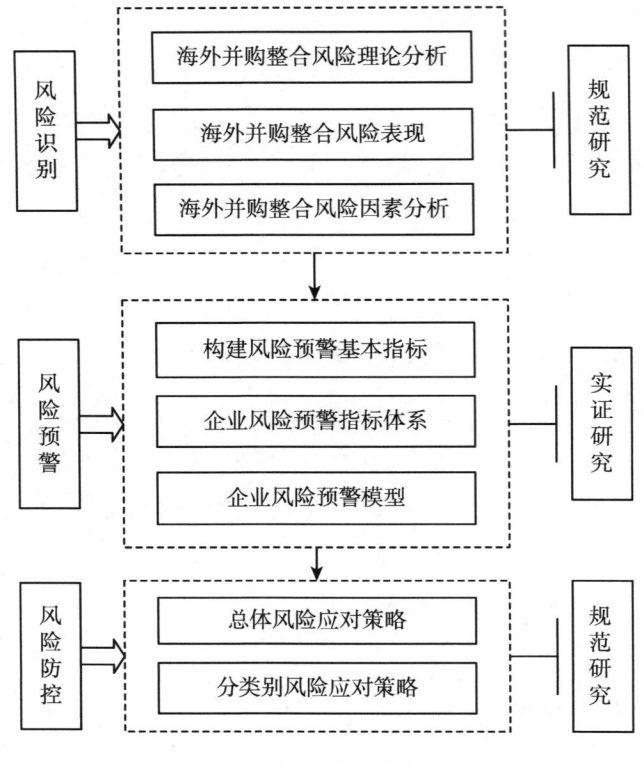

图 1　本书的思路框架

（二）研究方法

本书主要采用了以下 5 种研究方法：

1. 调查访谈法。调查访谈法在本书中主要体现在 3 个方面：第一，邀请有着丰富海外并购经验的中介投资机构专家进行访谈，进行整合风险识别，建立预警指标体系。第二，通过设计调查问卷筛选预警指标。企业须根据自身情况对预警基本指标进行筛选，本书以公司高级管理人员作为问卷填写人，对指标的重要程度采用五分制的方法进行打分。第三，在建立整合风险预警模型时，让企业参与海外并购的高管人员和相关部门人员填写问卷，作为确定指标权重的确定基础。

2. 文献研究法。风险预警是对潜在风险的提前预知并加以警示，而提前预知的方法就是找到风险产生的原因，即风险的影响因素，当这些因素累积到一定程度会导致风险溢出，导致风险事件的发生。在风险影响因素的基础上构建风险预警指标体系、提前分析并加以防范是风险预警的实质。本书主要通过搜集并利用国内外相关文献，以及政府报告、统计报告、我国企业海外并购案例等资料，分析总结出跨国整合风险的影响因素，为预警指标的建立做基础工作。

3. 统计分析方法。为避免有所遗漏，指标的整理都是在风险框架下分析得出，据此整理出来的指标较多，有些在整合中是一般常识，在整合工作中一般都能做到，影响较小，若都作为风险预警指标会影响重要指标的关注度；同时，每家企业的海外并购面临的整合风险会有所不同，在具体分析时指标体系应有差别。因此，企业进行风险预警时要对预警基本指标做进一步筛选。本书采用"灰色关联度法"将不太重要的指标去除掉，提高模型运算效率；同时，运用网络层次分析模型（Analytic Network Process，ANP）建立整合风险预警模型，确定风险预警指标的权重。

4. 系统分析方法。本书采用"六分法"，将整合风险分为战略整合风险、文化整合风险和组织整合风险等6类子风险进行分析。将整合风险看作一个系统，挖掘风险生成的理论和现实缘由，考虑风险间的相互影响，构建整合风险预警机制的分析基础。

5. 案例分析法。本书选用2011年W公司并购匈牙利B公司事件作为案例，分析了风险识别、风险指标如何筛选，指标权重的确定和如何应对可能的风险。通过案例分析的方式对整合风险预警机制的实现进行说明，进一步深化对预警机制的理解并加以运用。

三、文献综述

（一）并购整合方面

P. Hasperslagh and D. Jemison指出，并购整合是并购价值创造的来源，只有并购整合成功才能实现企业的战略布局，若整合不力则即使购买价格再低也会给企业带来损失。方祖一提出了"管理整合"的概念，认为并购在经历了管理整合阶段之后才是完整的，强调并购整合对于并购活动的重要性。邱明在提高并购成功率的思考中认为，整合规划直接关系到并购目标的实现与否，整合规划主要包括财务活动整合、业务活动整合及组织结构整合等方面。黄速建、令狐谙分析了我国企业并购失败的原因，认为并购失败的重要原因在于缺乏系统的整合规划和有效的整合执行，并指出在整合过程中要重点注意管理问题、文化冲突问题和对人力资源整合问题。

韩蕾从价值链视角分析了目标企业融入并购公司价值链的整合路径及整合

效果，认为海外并购成功与否取决于技术、财务、文化等方面的整合情况。廖歆欣、刘运国等认为，子公司并购后的整合是券商跨境并购面临的严峻挑战，并以海通证券海外并购为研究对象，深入剖析了并购后人事安排、治理框架以及业务结构的整合措施。史本叶、赵铮研究指出，海外并购融资模式的合理选择能够提升并购绩效，但这仅仅是浅层次的条件，而深层次的必要条件是选择并购标的、决定并购对价、增强并购资源的整合效应。任曙明、陈强研究认为，海外并购降低了对外投资效率，原因在于海外并购整合和组织重构带来的不确定性导致了企业的过度投资。高原、杨彩霞以中海油并购尼克森为案例，探究了我国能源企业的海外并购效应，研究指出，我国政府应当出台政策，加强能源企业海外并购的整合力度，各并购企业应当根据自身实际选择合适的整合措施，提高整合效益。以上研究充分表明，海外并购成功的关键在于并购后的整合。

张娟从企业能力的视角，认为企业的战略、文化、人力资源、流程（包括结构、系统、规则、程序等）是影响和决定企业并购整合的重要能力要素。韩俊华、王宏昌等认为，战略整合在并购整合中占有重要地位，运营、文化和人力资源整合是战略整合的支撑部分。赵曙明、张捷研究指出，随着全球经济一体化进程的加快，传统的企业层面的文化整合分析已经不能够满足当前需求；两位学者还立足于跨国视角，探讨了中国企业海外并购的文化整合。刘艳、刘明基于我国企业并购发达国家企业过程中出现的文化逆势现象，分析了文化逆势带来的文化整合困境，针对这一困境，提出应做好前整合阶段的文化提升，在并购后阶段采取"渗透—整合"模式，加强跨文化整合的连贯性和递进性。周建波、李靖以友嘉集团为例，研究海外并购企业的跨文化整合问题，认为组织、财务、技术整合进程显著影响跨文化整合。胡丰旭研究指出，石油行业的企业海外并购中的文化风险是影响海外并购成功的关键因素，应注重文化整合工作，针对民族文化、企业文化、商业文化差异选择适当的文化整合模式。何燕珍、武倩倩通过多案例分析，对我国企业海外并购人力资源整合行为进行探究后发现，文化适应性缺乏是海外并购失败的关键因素。

李海燕认为，企业战略整合和人事整合的质量是影响企业并购后整合的关键因素，无论什么种类的并购活动，最终的目的是通过战略性并购和高质量的整合来转换或增强企业核心竞争力，提高创新能力，强化提供优质产品和服务的能力。杨晓玥认为，财务整合是海外并购整合的关键所在，由于并购双方制度和文化的差异较大，财务整合并不容易，并以中海油并购尼克森为案例，探讨了财务整合中的困难与挑战，并分享了财务整合经验。李飞、陈岩和张李叶子研究了海外并购知识整合程度与企业国内外创新之间的关系，研究发现，海外并购知识整合程度与国内并购企业的创新质量呈倒 U 形关系，负向影响国际创新质量，这启发并购企业应选择适度的知识整合。魏涛认为，促进本企业无形资产优化是我国企业走出去的战略动因，并购发达国家企业在于获取其优秀的无形资产资源，并从微观和宏观两个层面探讨了无形资产整合的关键着力点。

  关于并购整合内容，不同的学者有不同的观点。拉杰克斯在《并购的艺术：整合》中将并购整合内容分为资源整合、流程整合和公司责任整合。Larsson and Finkelstein 对 61 家并购公司进行实证分析发现，整合协同效应与战略合并潜力、组织整合程度和缺乏人力资源支持关联较大。孙淑伟认为，海外并购溢价是由多方面影响和决定的。王珂、张晓东对并购后的整合管理进行了分析，将整合管理内容划分为 5 类，分别是资产负债整合、组织制度整合、生产经营整合、人力资源整合和文化整合。高洁认为，并购整合工作的重点应放在资源整合、组织机制整合、产业整合 3 个方面。潘爱玲在其专著《企业跨国并购后的整合管理》中，重点论述了我国企业跨国并购后的文化整合、人力资源整合、公司治理整合和财务整合等关键整合内容，初步建立了跨国并购整合框架。王小干、杜晓君等研究认为，企业并购后能力整合的通用框架包括能力识别、知识归整、能力传递和知识运用等。刘建、李莉等探究了我国资源型企业海外并购整合和内部控制问题，研究发现，有效的内部控制能够促进并购整合的成功，并探索了海外并购整合内控模式。程兆谦、杨若兰认为，要想实现企业成功并购，关键要做到专门的整合尽调、战略指引下的整合策略、因地制宜的整合速度、内外兼顾的系统思维、特殊的整合领导等。骆家骎、崔永梅以核心能力为视角构建动态匹配整合路径，认为财务困境企业要以财务整合为并购整合的核心。

  在并购整合过程方面，郑海龙、李树丞对企业并购整合管理进行深入研究，将并购整合模式分为并购前评估阶段、整合基础阶段、整合展开阶段、一体化阶段等 4 个阶段。Robert A. Burgelman and Webb McKinney 建立了一个概念框架，将并购整合分解成 4 个连续和相互影响的过程：形成整合逻辑和业绩目标，建立整合筹划方法，执行经营整合和执行战略整合。蒋冠宏以核心能力为理论基础，构建了并购整合模型，将整合活动分为整合前奏阶段、整合基础阶段、整合展开阶段和整合一体化阶段。P. 普里切特等人在《购并之后：如何整合被收购公司》中将整合过程构建为 5 个阶段：设计阶段、评估阶段、展开阶段、管理阶段和收尾阶段。张金斗（2018）对中海油收购加拿大尼克森石油进行案例研究，提出并购整合按时间过程可以分为 3 个阶段，即并购整合前期阶段、基础整合阶段和一体化阶段，每个阶段都有不同的工作重点。

对于整合策略如何选择，学者们一致的看法是根据双方资源匹配程度进行判断，有代表性的是 Haspeslagh and Jemison 提出的 3 种整合模式：吸收模式、保护模式和共生模式。Alessandro 认为，并购的整合框架应该考虑战略和组织两方面的匹配性，提出了控制、保护、共生和吸收 4 种整合模式。Meadows 提出了 4 种协同整合策略：保存策略（低战略互相依赖，高组织自治）、吸收策略（高战略互相依赖，低组织自治）、共生策略（高战略互相依赖，低组织自治）、持有策略（低战略互相依赖，低组织自治）。徐彬将整合模式分为 4 种：同化模式、强入模式、新设模式和分立模式。蒋瑜洁以吉利并购沃尔沃为案例进行研究，明确了中国并购世界领先企业的一种有效的整合方式，即维持并购双方原有的文化、经营模式、独立的内部管理系统；同时，要积极融合彼此的技术创新能力，产生协同效应，增强核心竞争力。吴道友、程佳琳以"模糊集定性比较分析法"研究了跨国并购协同整合策略与情境匹配问题，将内外欣喜情境、内忧外患情境、外忧内喜情境、内喜外忧情境这 4 种并购情境匹配吸收、保存、共生、持有协同整合策略，形成 4 种前因构型，能够引致高并购绩效。

关于跨国整合绩效如何确定，众多学者进行过研究，方法和结论不一。顾露露采用"事件研究法"，通过市场的反应来判断整合是否成功，给出跨国并购成功的正面评价，并分析认为，并购成功的主要原因得益于人民币的升值。郭立焖、王晖蓉运用"财务指标法"衡量并购整合绩效，选取的指标为反映公司业绩提升水平的 5 项指标，实际就是公司财务指标评价体系。林季红、刘莹选取了 2001—2011 年我国上市公司 110 例海外并购样本，采用 BHAR 方法研究海外并购绩效，研究结果表明，海外并购公司的股东因海外并购事件整体上出现了股东财富的流失。龚小凤采用"功效系数法"，将定性与定量指标相结合，对 2001—2010 年实施跨国并购的企业进行实证分析，发现约 48.72% 的企业并购整合是成功的。闫雪琴、孙晓杰利用"Blinder-Oaxaca 分解法"得出我国海外并购数量不断上升，但并购绩效却有下降趋势的结论。杜群阳、项丹运用 2001—2011 年沪、深上市公司数据，使用"因子分析法"和"数据包络法"建立海外并购绩效二次评价模型进行研究，结果表明，资源获取型并购降低了经营业绩，却提高了经营效率，而高管持股比例、流通股比例、并购规模及管理成本对海外并购业绩和效率产生了不同程度的影响。刘睿智、胥朝阳等研究表明，并购后的战略、管理、人力资源和企业文化整合有助于提升并购企业的财务绩效和市场绩效，具体而言，资产负债整合、战略整合有助于提升财务绩效，文化整合显著提升市场绩效。徐琴从4个维度（盈利水平、偿债水平、运营水平及发展潜力）构建海外企业并购绩效评价体系，并结合A股上市公司的海外并购案例进行了实证研究，结果发现，在短期内，并购企业的盈利和运营水平有所下降，债务风险升高，发展潜力指标良好。

尽管上述学者在并购整合研究中提出应重视并购整合，并给出了并购整合分析内容、并购整合过程和并购整合策略。然而，这些研究忽略了两个重要问题：

第一，未将并购整合与并购其他阶段联系起来。一般认为，并购阶段包含并购决策、并购交易和并购整合3个阶段，在并购整合研究中自然将整合划归到并购交易之后，割裂了与其他各阶段之间的联系。实际上，并购阶段中的并购整合阶段只是整合计划的实施阶段，整合工作在并购决策阶段就开始了。因此，有必要重新界定并购整合并明确其与并购各阶段之间的关系。

第二，并购整合绩效衡量标准不合理。并购整合失败与企业经营失败的衡量标准不同，企业经营失败要么通过企业申请破产，要么在资本市场被冠以ST进行判定；而跨国并购整合是否成功并没有一个具体的衡量标准。有些企业表现较为明显，并购当年或次年就出现巨额亏损；有些企业虽然没有明显的亏损出现，但也仅是勉力支撑，实际利润来源于公司原有市场和业绩的补充。基于公司声誉考虑，并不真实披露并购整合失败，财务指标亦无法真实表现并购整合成败。我国的资本市场并非有效资本市场，市场反应并不能真实反映企业的财务状况和经营状况。因此，仅仅以市场反应或财务指标作为衡量标准均有失偏颇。尝试以并购整合目标作为整合绩效的衡量标准，不失为一条合适的路径。

（二）并购风险方面

国外学者对于并购风险产生的原因从多个角度进行了研究。Kogut and Singh认为，由于跨国间存在严重的信息不对称和不确定性因素，在跨国并购尽职调查中，目标企业的真实财务状况和当地市场的可靠信息很难获取。Hennart and Park发现，并购企业对东道国的经营经验缺乏了解，会使这种信息不对称更加严重，以致在目标企业的估值和整合方面出现困难。Charman 指出，在并购失败的案例中，超过 80% 的并购交易事先没有并购计划，缺乏详尽的尽职调查，没有制定并购后的整合措施等，是并购失败的主要原因。Barkema 认为，跨国间存在巨大的文化差异，并从文化适应的角度分析了并购风险。

有些学者从某单一并购风险方面进行重点研究。Jeffrey A. Krug 从目标公司领导层离职角度，分析领导层变动对并购风险的影响，通过相关的原因分析，寻找稳定领导层并提升并购效果的措施。傅明、张讷从法律角度对并购风险进行了分析，提出要注意在并购协议、并购程序合法性方面存在的风险，在并购协议的签订时要注意遵守法律的实质性和并购程序的相关规定，否则会引发不必要的争端和诉讼。徐芳研究指出，我国对海外并购额外法律风险缺乏相应的防范与救济措施，额外法律风险指的是东道国基于本国安全和民族利益而援引与制定的特别法律引起的风险，为应对额外法律风险，应当积极寻求投资保障、体制和外交支持等救济措施。杨春桃对我国海外并购法律风险进行了研究，认为中国企业海外并购成功的关键在于全方位评估和应对法律风险，通过多案例分析海外并购中面临的法律风险包括东道国审批政治风险、反垄断风险、反并购风险、环保风险、劳动法风险，并提出应当从国家立法和企业操作两个层面来进行法律风险防范，国家要构建海外并购法律体系和单行法，企业要做好并购前的尽调工作及文化整合工作。张学超、宣国良通过检测汇率风险是否会在企业公布并购消息后发生变化，来分析汇率风险与跨国并购价值间是否存在关联。孙文莉、谢丹、李莉文分析宏观风险对海外并购成功率的影响，研究发现，若东道国属于发达国家，那么，汇率波动加剧会显著降低我国海外并购成功率，若东道国属于发展中国家，汇率风险作用不显著。杨培强从交易风险的角度分析了跨国并购过程中的风险，从我国企业对外并购和外资并购我国企业两方面提出如何加强风险管理和风险防范。

并购财务风险贯穿于并购活动的始终。李诗等、赵保国等、王会恒和李新从财务风险角度探讨了企业并购财务风险及其防范措施，认为并购财务风险包含定价风险、融资风险和支付风险，并实证研究了中国企业海外并购财务风险的影响因素。王莉莉认为，财务风险来源于评估风险、融资风险和支付风险，并从这三大风险入手提出了风险应对策略。文唯、郑明贵等基于"GA – AHP 方法"和云物元理论度量海外矿山并购财务风险，结合海外矿山项目固有的特点，从融资风险、估值风险、支付风险和整合风险 4 个方面构建了财务风险评估模型，为矿山项目并购提供了有益借鉴。

张海亮、骆红研究了企业金融化与海外并购财务风险之间的关系，结果表明，非金融企业金融化并购会显著增加财务风险，尤其是并购公司劳动密集、目标公司位于亚洲以外时更为明显，因此得出，海外并购应服务于实体经济、打造企业自身优势的观点。刘大明从税务风险的角度分析了企业并购风险及其应对措施，认为税务风险主要集中在3个阶段：并购前被并对象已有或潜在拥有税务风险，并购过程中税务风险和并购后整合税务风险；应当从税务风险意识提高、专业团队组建、税务风险过滤程序启动及税务风险保障机制构建方面来应对并购财务风险。王一舒、王卫星从宏观、微观两方面分析了海外并购税务风险因素，运用"专家调查法"建立了税务风险指标体系，运用"层次分析法""模糊综合判断法"构建了税务风险评估模型。叶红、尤姜等认为，税务风险伴随于海外并购项目的启动、谈判、整合和退出4个阶段，并对在海外并购各个环节容易出现的、容易被忽略的税务风险点进行了详细分析，包括为实施详尽税务尽调、不合理的股权架构导致额外税务成本、未充分重视收购协议、收购后税务事项无效管理等方面，提出了应对措施。王文静、褚方圆等以中国企业并购哈萨克斯坦油气行业企业为例，结合并购不同环节分析相应的税务风险；同时，为企业防范并购中的税务风险提出了对策。

此外，关于并购动因与并购风险防范也有诸多研究成果。李晓东、郭新有总结了我国企业实施跨国并购的主要原因，认为跨国并购的主要动力来源于获取自然资源、进入国际市场和获得强有力的技术开发能力。但是，在并购时要注意防范来自政治、管理、财务和社会环境等方面的风险。王立新、胡挺等以中国铁建联合铜陵有色收购厄瓜多尔铜矿为案例进行研究，发现海外联合并购动因在于扩大市场占有率、提高利润水平，而并购的长期经济绩效关键要看整合情况。田玉英、黄昶生归纳概括了民营企业海外并购的动因，包括战略动因、战术动因和环境动因。其中，战略动因为获取核心技术、借壳上市、提高国际市场知名度、重新配置资源；战术动因为扩大规模、完善上市公司治理结构；环境动因为追赶海外并购潮流。吴光明以惠普和康柏并购为案例分析了并购动因，认为形成企业核心能力是并购的真正动因，并指出并购中存在着系统性和非系统性风险，并购交易成功只是完成了并购的第一步，并购整合直接关乎并购的成败。钱鑫、朱信凯通过分析海外并购的动因，建立我国海外并购动因分析框架，研究认为我国企业海外并购在于获取资源、扩大市场、获取技术和品牌，同时指出我国海外并购过程充满风险。何小钢认为，海外并购驱动因素为政府政策驱动、要素需求驱动、国内产能过剩驱动、国际性外部因素驱动。

魏涛认为，获取国外优质无形资产是我国海外并购的一种动机，在并购过程中面临着政治、文化与法律3个方面的宏观风险，分析了风险产生的原因，并提出了通过提高并购双方信息透明度、加强交流互信等方式来应对并购风险。宋林、彬彬使用多项 Logit 模型进行实证研究发现，国有产权性质、企业规模与获取技术和资源动机正相关，而资产负债水平越低，获取技术和资源动机的可能性越高；民营持股、资本收益率越高的企业并购动机越倾向于获取战略资源和市场。刘青、陶攀等利用二阶段引力模型研究我国海外并购区位选择和投资规模决策，研究表明，我国海外并购表现出寻求市场资源和矿产金属资源特征，在我国进入经济新阶段后，海外并购表现出战略寻求动机。但是，在区位选择决策中缺乏对东道国政治经济风险的评估，在投资规模决策中有显著的风险追逐特征。唐晓华、高鹏认为，以发达国家为背景的海外并购动因理论虽然成熟，但并不完全适用于发展中国家和全球市场新兴企业海外并购行为，从全球价值链视角提出中国制造业企业海外并购动因包括技术获取、市场扩张、多元化经营、品牌获取、向价值链中高端发展等，未来海外并购动因趋势表现为向以产业产能转移、以技术积累与储备和以资本利得为动因发展。

李玉梅、桑百川研究指出，后金融危机时期，跨国并购呈现向制造业上、下游延伸的特点，政治、法律、财务风险明显上升，文化整合风险延续，要进行海外并购风险防范需要从政府、企业等多主体入手。廖东声等认为，要注意中国制造业跨国并购的风险管理，尤其要关注目标企业的选择、控制权的掌握和组织管理的加强等3个方面。张子刚指出，要重视跨国并购中目标企业的选择，在资产评估和财务方面也要注意风险防范。赵敏对并购风险进行了分类，认为企业在并购过程中存在着管理风险、经营风险、信息风险、财务风险等多项风险，如果处理不当，会使企业陷入经营困境，必须进行有计划的并购整合，才可能实现企业资产增值的并购目标。桑一、刘晓辉以中海油并购尼克森为案例研究认为，海外并购存在政治风险、财务风险、人员整合风险、文化融合风险，应通过调整财务结构、渐进性整合来应对风险，且强调了并购双方的融合与整合是并购成功的关键。王永縈对海外并购风险的识别与评估进行研究后认为，海外并购风险分为国家层面的宏观风险及企业层面的微观风险，并构建了海外并购风险评估体系。刘海云、杨文静以金沙江 GO Scale Capital 收购 Lumileds 为案例，对 LED 行业的海外并购风险进行了研究，研究指出，LED 企业跨国并购存在政治风险、并购专利风险、并购财务风险和文化融合风险，并提出了风险应对策略。李莉文认为，中国企业海外并购面临的风险主要体现在 3 个方面：一是在发达的经济体中并购面临愈加严格的安全审查，二是在发展中的经济体中并购，面临攀升的政治风险和经济金融风险，三是文化差异风险。因此，应注重并购前东道国文化调查、并购后文化整合、培养国际化人才。苏丽娟指出，我国药企在海外并购中会面临财务风险、安全审查风险、市场认可风险及经营管理风险等，分析了风险形成原因并提出了防范策略。

（三）并购整合风险方面

对并购整合风险的研究集中于 20 世纪中后期。P. 普里切特等认为，并购之后的整合管理存在严重的缺陷是导致并购高失败率的真正原因。这可以说是人们首次注意到了并购、并购后的整合阶段存在的风险。Jemison D. and Sitkin S. (1986) 对并购过程进行了深入的分析后认为，由于并购双方的差异，会使并购整合出现各种难以预料的风险，并购整合应作为并购过程的一个环节来管理，必须要加强并购整合风险的防范。美国的 J. 弗雷德·威斯通（J. Fred Weston）、苏姗·E. 侯格（Susan E. Hoag）等在《兼并、重组与公司控制》一书中，强调与并购计划和并购交易相比，并购整合工作是并购过程中最重要的工作，若不注意加强并购后期的整合工作，会产生文化风险和协同风险，无法实现并购协同效应。科尼尔顾问公司对并购失败的原因进行了总结分析，认为并购风险贯穿整个并购过程，若不加强风险控制，会导致并购失败。Jeffery S. Perry and Thomas J. Herd 通过探讨如何分析和控制并购风险后发现，并购后期阶段的风险是导致并购失败的主要原因，包括双方无法融合的文化差异、战略政策制定差异、组织结构的不相容、整合速度缓慢等方面。冉宗荣认为，在海外并购中，不少企业只注重并购行为本身而忽视并购整合风险，最终导致了海外并购的失败。刘青等、陈平采用跨案例研究方法，分析了我国企业海外并购整合风险的生成机理。王少杰认为，伴随着中国企业并购规模的快速增长，在海外并购的过程中主要存在政治、法律、整合以及财务风险；并对这些风险提出了具体的应对措施。

许多学者对并购整合失败的原因进行了广泛研究。Greengard 认为并购整合过程中高级人力资源管理人员参与太少、并购计划准备不充分、组织文化差异等是导致最终并购整合失败的主要原因。Ashkenas 等认为，整合速度对于整合成功实现至关重要，应尽快对关键人员是否留用及职位确定做出决定，以免员工人心涣散、心态不稳，影响企业并购整合效果。Orit Gadiesh, Charles Ormiston and Sam Rovit 认为，整合速度对于一个成功的并购整合而言至关重要，战略筹划也是一样。英国彼得·诺兰等研究了"强强联手"式的并购重组企业，认为文化整合是影响这类企业重组成功的关键，所以，加强文化整合风险的管控至关重要。Jeffery S. Perry 提出关注价格合同的绩效、仔细评估成本和协同收益、注重整体价值协议的细节，以及在签署合同之前制订整合计划等措施来降低跨国并购的风险。

很多学者探讨了并购整合风险的治理策略。蒋冠宏等指出，海外并购整合风险控制框架应注重"全过程"风险治理，我国政府和企业可以从宏观与微观两个层面，进一步畅通中外双方的信息沟通渠道，完善公司治理机制，改进与强化对管理层的监督激励机制，最终达到降低代理成本、防范与化解并购风险的目的。韩震、惠宁探讨了我国有色金属行业海外并购整合风险，研究认为，海外并购能否取得最终成功主要在于化解并购后整合风险，整合面临着诸多风险如人事调配风险、生产经营风险、文化冲突风险，应该合理配置人力资源，谋求经营协同效应，促进并购后的文化融合。袁天荣、杨宝深入研究了海外并购整合风险诱因机理、衍化机理及治理思路。程达军从文化角度探讨整合风险，研究认为，对文化差异的漠视及整合力度不够是文化整合风险的根源，应选择合适的文化整合模式，建立科学的文化风险管理体系。任云龙提出，应当通过以下几点应对海外并购整合中的财务风险：一是要熟悉东道国法律法规；二是要高度重视整合成本；三是要建立财务信息监控体系；四是要建立外汇风险管控体系，防范汇率风险；五是通过建立内外联动资金池，防范资金风险。张方方通过分析中国企业跨国并购的现状、并购整合存在的问题等，从机会与并购企业自身资源匹配角度，提出了并购整合风险的应对措施。程慧认为，企业海外并购整合风险是最重要的风险；分析了并购整合风险产生的原因，并构建了企业海外并购整合风险控制框架。

（四）企业风险预警方面

国外关于企业风险预警的早期研究，侧重于金融和财务领域的风险预警，以及风险预警模型的构建，具体研究并购整合风险预警的并不多。我国风险预警相关理论研究相对较晚，20世纪80年代从宏观经济领域开始起步，逐渐扩展到其他领域，相对而言，我国在宏观经济领域的风险预警研究较为成熟。直到

20世纪90年代，风险预警才逐步在企业层面得到普遍使用，国内关于并购整合风险的预警研究也仅仅是针对单项风险进行的。

奈特于1921年出版的《风险、不确定性与利润》将风险理论与经济学理论相结合，扩大了风险理论的应用范围。Nottingham提出，每个企业必须根据自己的风险管理实践，整合组织核心资源来设计合适的风险集成模型。在风险预警方面，预警方法和预警模型的选择至关重要。Frizpatrick和Beaver设计了单变量的财务预警模型，通过财务比率预警模型来预警财务危机。Altman（1968）创立了多变量预警模型——Z计分模型和ZETA模型。Ohlson和Zmijewski相继提出了Probit和Logic模型。Aziz，Emanuel and Lawson在Lawson的现金流量等式基础上，将Z模型和ZETA模型做比较分析，发现在财务困境预警方面，现金流量模型更为有效。这些模型对于企业财务风险预警或财务困境预测起到了重要作用。除财务风险预警之外，现有研究对人力资源、组织管理等方面的风险预警也进行了探讨。通过建立风险预警模型，能够帮助企业识别潜在风险，在应对重大风险方面发挥了至关重要的作用。

关于我国企业海外并购整合风险预警机制的研究方面，目前主要从单项整合风险预警方面展开，其中，以财务风险预警研究最为普遍。近年来，也有学者进行人力资源整合风险预警机制研究，而从全过程、全方位建立跨国并购整合风险预警机制研究的较少。阎平等、张玮、徐伟等、潘泽清、熊毅从不同视角尝试建立企业并购财务风险预警系统。此外，张振陵提出基于知识管理的企业并购文化风险预警体系，刘烨从公司治理角度提出企业并购整合风险预警机制的思路和框架。熊勇清等建立了并购文化风险测度模型。林新奇、王富祥建立了中国企业海外并购的人力资源整合风险预警机制，帮助企业识别和应对并购过程中的人力资源整合、劳动法律法规、招聘培训等各方面的人力资源风险。张丽萍根据企业海外并购管理实践经验，针对我国企业在海外并购过程中所面临的风险，提出企业在并购过程中要加强不同企业间的文化交流，拓展融资渠道，通过财务整合来提高企业并购绩效。叶政指出，跨国并购整合风险因素的识别和评估因素非常重要，并从宏观和微观层面对跨国并购整合风险进行识别、归类和分析，在模糊数学原理的基础上构建了跨国并购模糊综合评价（F-AHP）模型，对跨国并购交易整合风险等级进行了评价。

在研究风险预警过程中，风险预警模型也在不断发展和进一步完善，单变量预警、多变量判别分析、probit模型、Logic模型等是财务风险预警中的常用模型；由于变量要求的局限性，后来逐步引入了模糊综合评价、BP 神经网络等模型，企业风险预警就逐渐从定量指标分析向定量、定性综合分析方面发展，企业风险预警分析更加全面。在并购整合风险预警研究方面，研究更多地集中在企业并购财务风险预警、文化风险预警方面。企业并购中的财务风险、文化风险、人力资源风险等是并购整合工作中的重要风险，研究这些风险的预警对并购整合工作有着重要意义。尽管如此，现有研究仅针对单项风险进行风险预警分析，不利于有效实现全面的风险防控。企业并购整合工作应作为一个整体来看待，单独研究某项风险的预警模型会使结果产生偏差，影响并购整体的风险防控效果。因此，研究并购整合整体的风险预警机制，构建全面的风险控制策略尤为必要。

四、本研究的主要创新

1. 构建了我国企业海外并购整合风险分析框架。企业海外并购整合风险并非是从并购后的整合开始的，而是从并购决策开始，贯穿于并购整个过程当中。并购整合风险的控制应由编制整合计划、整合准备和整合实施 3 个阶段构成。并购整合风险是伴随着并购过程发生的，并购整合风险种类繁多，借鉴现有文献关于海外并购整合风险的研究，并结合我们前期的案例研究及调研，本书将我国企业海外并购整合风险的框架体系划分为战略整合风险、文化整合风险、组织整合风险、人力资源整合风险、财务整合风险和业务流程整合风险 6 个方面，本书称之为"六分法"。

2. 建立了并购整合风险预警机制。本书从风险运行机理角度解析了整合风险预警机制的运行机理，奠定了预警机制构建的基础。为实现并购整合风险预警机制的顺利运行，需要在风险组织、风险信息收集和传递、风险责任、风险处理、风险预警文化等方面建立实施保障机制。

3. 解决了我国企业海外并购整合风险的评价与测度。通过分析并购关键整合风险的影响因素，并结合专家意见，构建了由 53 个指标构成的整合风险预警指标体系。由于每个海外并购企业的外部环境和内部资源不同，经营能力存在差异，影响整合风险的关键点也会有所不同，企业还须在预警基本指标体系的基础上采用"灰色关联度法"进行指标筛选，找出恰当关键指标，作为建立风险预警模型的基础。

4. 构建了我国企业海外并购整合风险的全面控制框架。我国企业海外并购实践中面临的整合风险是多元的、动态的，综合现有的文献研究以及大量的案例研究，本书提出了海外并购整合风险的全面控制框架。该框架的第一层面是整合风险控制的"基本导向"，主要解决并购整合风险控制的目标和原则。第二层面是对海外并购整合风险的识别、评价与测度，这是整合风险控制的前提。第三层面是海外并购整合风险的全面控制思路及实施举措，这是控制框架的核心与重点。

5. 提出了我国企业海外并购整合风险全面治理策略。海外并购整合风险是多元化的，风险治理理应"分而治之"，针对每一种风险要素建立风险治理的关键点。另外，这些风险要素间相互联系、相互作用，风险治理又应"联而治之"，根据风险要素间的内在联系建立系统联动的风险治理举措。从海外并购整合风险的衍化机理来看，其衍化路径是动态的；衍化历程涵盖并购决策、并购交易、并购后整合各阶段，整合风险治理应该秉承"全过程观"，海外并购整合风险的防控应该贯穿整个并购全过程，这是实施整合风险全过程治理的依据。本书认为，海外并购整合风险全方面治理策略包括源头治理策略、分类治理策略和全过程治理策略。

第一章 制度背景与理论基础

第一节 我国企业海外并购的制度背景

一、美国企业并购的发展历程

并购是现代企业迅速扩大经营规模、拓展业务领域、实现业务调整和战略转移的重要手段，也是国家调整产业结构、优化资源配置、加快产业升级换代的重要手段。市场经济的发展，为企业并购提供了广阔的舞台。

过去的百年间，西方国家历经6次大的并购浪潮，规模一次比一次大。每一次并购，使得更大规模的企业产生；更大规模企业的产生，又刺激更多的企业加入并购行列。美国历史上每一次并购浪潮的形成和发展都与当时的经济、科技、政治和文化背景息息相关，都发生在经济发展的上升期或繁荣期，每次并购的形式都不尽相同。

1. 第一次企业并购高潮（19世纪末和20世纪初，1895—1904年）。美国第一次并购风潮出现在19世纪末20世纪初，其高峰期是1898—1902年。从南北战争结束到20世纪初，美国由自由资本主义开始向垄断资本主义过渡，科学技术取得了突飞猛进的进步，蒸汽机和各种机器的发明以及电力技术的广泛使用，促进了生产力的发展和生产社会化程度的提高，美国公司对资本的要求极为强烈，单个资本的积累无法满足社会化大生产的需要和公司对资本扩张的欲望。美国第一次并购风潮主要发生在以铁路、冶金、石化、机械为中心的行业。在同一行业中，许多中小公司通过资本集中，组成规模巨大的垄断公司。

美国第一次并购高潮的特点是：（1）以减少同行业间竞争程度为目的的横向并购为主。（2）并购波及各个行业，但主要是制造业和加工业，其中，食品工业和制造业特别成功。(3) 追求垄断、规模经济以及利润，是其重要的刺激因素。(4) 金融业起了重要的中介作用。有1/4的并购活动由银行特别是投资银行完成，约有60%的并购事件集中在纽约证券交易所。

由于这是美国历史上首次并购风潮，所以，并购失败的比率相当大。失败的主要原因是公司变大了，但缺乏有经验的管理人才、成本过高、公司的灵活性减少等。

2. 第二次企业并购高潮（在20世纪20年代，1919—1930年）。20世纪20年代，是美国经济稳定增长期。经济增长的主要原因是出现了新的工业技术，导致汽车工业、化学工业、电子工业、化纤工业等一系列新兴行业的产生。这些大工业的发展需要大资本补充，要求资本进一步集中，导致第二次并购风潮的发生。

这次并购高潮的主要特点是：(1) 以纵向并购形式为主，即把一个部门内各环节的企业并购到一起，形成一个统一运行的联合体。这一阶段的并购中，85%采用此种方式。(2) 投资银行再次起了主要作用。(3) 并购管理技术和并购形式的改进，大大提高了并购的成功率。

3. 第三次企业并购高潮（20世纪60年代，1960—1970年）。"第二次世界大战"后的50—60年代，西方各国的经济发展相对稳定，主要发达国家都进行了规模庞大的固定资产投资。随着第三次科技革命的兴起，一系列新兴科学技术，如微电子、新材料、新能源、宇航、激光等的应用，推动着生产力迅猛发展，导致了第三次并购高潮的发生。这次并购高潮在规模、时间、速度上均超过前两次。

第三次并购高潮的主要特点是：(1) 部门集中垄断程度进一步扩大。烟草、玻璃、轴承、冰箱、蓄电池等行业三家最大公司集中率平均在50%以上。(2) 以跨行业、跨部门的混合并购为主，公司通过采取多样化战略进入以前未曾涉足的活动领域，降低和分散风险。

4. 第四次企业并购高潮（20世纪70年代中期至90年代初，1975—1992年）。20世纪70年代中期至80年代末，以信息技术为中心的新技术革命首次在美国发生，信息技术的广泛运用对经济产生了重要影响。为适应新的市场竞争和供需情况，围绕掌握先进科学技术，不断向市场提供产品和业务而展开的各类竞争，直接引导了并购的发生。这次并购高潮主要集中在商业、银行业、金融保险业、批发业、零售业等服务行业，兼并资产达到了空前的规模。

第四次并购高潮的主要特点是：(1) 并购规模空前，单项企业并购规模巨大，10 亿美元以上的企业并购层出不穷。（2）杠杆收购是这次并购中的主要手段，出现了"小鱼吃大鱼"的现象。通过举债来完成企业并购在 20 世纪 80 年代为许多公司所推崇。

5. 第五次企业并购高潮（20 世纪 90 年代）。20 世纪 90 年代，美国企业并购掀起了一个新的高潮，企业并购交易总额达到了 6.5 万亿美元，超过 20 世纪 80 年代并购交易总额的 4 倍。这次并购呈现出新的特点：（1）敌意收购数量减少。美国 90 年代的企业并购大约有 95% 是善意并购，其原因是：①通过"强强联姻"既可以避免两败俱伤，又可以扩大公司规模、减少竞争对手，从而实现迅速扩充实力、增强自身市场竞争能力的目的。②大公司均具有自身的优势，可以发挥合并各方的资源优势、技术优势、管理优势和市场优势，实现资源共享、优势互补，从而提高公司效率。③通过大公司间的"联姻"，可以大幅度节约管理费用，撤并重复设置的机构，裁减冗员，提高管理成效。（2）股票并购是 20 世纪 90 年代美国企业并购的主要形式。据 J. P. 摩根公司统计，在 1998 年的并购中，发行股票完成并购的比例达到 67%，而在 10 年前的 1988 年，股票并购仅占 7%。股票并购充分反映出并购重组的合作特性和战略性质。（3）跨国并购活跃。跨国并购主要发生在欧美发达国家之间。这些跨国并购都是为了增强竞争力，大多属于强强联合。（4）并购案件多、金额大、规模大。（5）领域集中，热点突出。并购集中在高新技术领域，信息业、金融业是并购的热点产业。

6. 第六次企业并购高潮（21 世纪以来）。进入 21 世纪以来，由于全球化、一体化和信息化经济的发展，互联网经济、智能经济、信息经济、5G 技术等高科技的迅猛发展，有力推动了技术进步与技术创新，以获取新经济和新技术、获取全球市场话语权为目的的并购活动风起云涌，技术性并购、跨国并购活动方兴未艾，并购的规模和交易额之大前所未有，形成了第六次企业并购高潮。这次并购高潮促成了一批巨型和超巨型跨国公司的产生和发展，推动产业结构、资产结构、资本结构等在全球内的优化配置，许多巨型跨国公司在世界范围内建立起了一体化的国际生产与全球营销网络，取得了巨大的竞争优势。这些将并购再次推向新的高潮。

二、我国企业海外并购的政策背景

面对大型跨国公司的激烈竞争，我国企业应该如何面对这扑面而来的强大竞争呢？全球经济一体化的快速发展，使我国企业传统的竞争优势逐步减少，而竞争压力却越来越大。我国企业的传统竞争优势来源于低成本优势。由于3个方面的原因，这种优势正在被削弱。一是随着经济的发展，我国发达地区生产要素的价格在快速上涨，低成本优势在减弱；二是依赖初级加工产品和资源出口的模式已经变得不可持续；三是跨国公司纷纷直接到我国来开厂设店，直接利用我国的各种资源优势与我国的本土企业竞争，直接削弱了我国本土企业的原有竞争优势。另外，一些国情和产业结构与我国相近的国家和地区，也在国际市场上和我国企业展开竞争。这种情况延续下去，不仅会影响我国企业的竞争力，最终会影响国家的经济竞争力。

我国急需通过经济资源的重新配置，组建一批具有国际竞争力的大型公司，以应对国际竞争。我国积极鼓励和大力支持企业到海外去寻找海外投资机会，制定了一系列宏观政策积极推动企业的海外并购活动。"走出去"战略、"一带一路"倡议和供给侧结构性改革等有力地推动了产业升级和企业"走出去"的步伐。

2000年10月，"十一五"规划中首次提出"走出去"战略。2013年10月，国家主席习近平在出访中亚和东南亚国家期间首次提出了贯穿欧亚非大陆的"一带一路"倡议。2014年，我国的对外投资在历史上首次超过吸引的外资，成为净投资国。2015年3月，国家发展和改革委员会、外交部、商务部联合发布《推动共建丝绸之路经济带和21世纪海上丝绸之路的愿景与行动》，旨在推动沿线国家的文化交流互鉴、经济战略对接，共建开放型世界经济，"一带一路"倡议要求我国企业融入全球产业链和价值链，鼓励对外投融资，大幅增加了沿线国家和地区的海外并购交易数量。截至2016年12月，我国企业已经在20个国家建立了56个经贸合作区，总投资额高达185亿美元。

2015年11月，中央经济领导小组第11次会议首次提出了"供给侧结构性改革"，提出了化解产能过剩、降低企业成本、去房地产库存、扩大有效供给和防范化解金融风险5项任务，我国企业将海外投资作为缓解国内产能过剩的途径。2016年3月，"十三五"规划重申了"走出去"战略的重要性，强调"走出去"和"引进来"相结合，我国对外投资规模迅速增长。2017年党的十九大报告指出，建设现代化经济体系必须坚持推动形成全面开放新格局。

为了更好地服务于国家对外投资战略，创新对外投资方式，优化对外投资结构，引导中国企业平稳、健康、有序地开展对外投资，参与国际经济合作和竞争，我国出台了一系列政策措施支持企业进行海外并购。2015 年 4 月，国家税务总局出台了服务"一带一路"倡议的 10 项税收措施。2016 年 4 月，国家发展和改革委颁布《境外投资项目核准和备案管理办法》，进一步大幅度简化了我国企业海外投资的审批流程。我国政府设立了政策基金和海外投资公司，为海外并购提供财务支持。

这些政策、措施大力促进了我国企业的海外投资和海外并购。《对外直接投资发展报告》显示，2015 年，我国跨境并购 579 起，实际交易总额 544.4 亿美元。2016 年，我国企业共在全球 74 个国家（地区）实施对外投资并购 765 起，实际交易总额 1353.3 亿美元，创历史新高。2017 年，我国企业实施完成并购 431 起，跨国并购投资 1196.2 亿美元，较上年下降 11.6%。

三、我国企业海外并购的发展历程

随着我国对外不断改革开放，对内大力发展市场经济，同时，国际经济一体化的发展导致全球竞争愈加激烈，我国企业快速成长，竞争实力不断增强，不断拓展国际化经营，扩大对外投资规模，通过海外并购方式进入国际市场。纵观中国企业的跨境并购，中国企业的海外并购活动始于 20 世纪 80 年代，已经走过了三四十年的发展历程，海外并购数量、并购金额不断创出新高。海外并购成为我国企业迅速获取国外资源、市场、技术、品牌，积极开展国际化经营的重要途径和方式。我国企业的海外并购的发展历程可以划分为起步阶段、发展探索阶段、迅速成长阶段和持续增长阶段。

1. 起步阶段（1984—1991 年）。我国在改革开放初期，主要以引进外资为主，对外直接投资总体规模和金额都较小。20 世纪 80 年代初期，一些实力雄厚、效益较好的大型国有企业通过海外并购进入国外市场，探索跨国经营的路子。这一时期的并购涉及工业、原材料、电信、金融等领域，目标国家是美国、澳大利亚等。1984 年，中银集团与华润集团联合收购了香港康力投资有限公司，1985 年，首钢集团收购了美国麦斯塔工程设计公司等。

2. 发展探索阶段（1992—2007 年）。1992 年以后，我国企业海外并购进入稳定发展阶段，海外并购的步伐开始加快，并购交易的数量和金额在不断增加。这一时期，我国企业的海外并购主要以横向并购为主，并购主要集中在运输、矿产、石油、天然气、金融、电信等行业，大型跨境并购仍由大型国有企业完成。如中国石油天然气集团、中国远洋运输、中国国际航空等进行了海外并购。

3. 快速发展阶段（2008—2012年）。2008年暴发的全球金融危机，给我国企业进行海外并购提供了前所未有的机遇。欧美发达国家市场低迷，需求不振，企业经营低迷，上市公司股价暴跌，公司市值严重缩水。此时，为低成本获取世界知名品牌、技术领先公司提供了千载难逢的机会。我国很多企业抓住了这一有利时机，纷纷进行海外并购。这一时期，许多国有企业进行了海外矿产资源类的并购，民营企业则更多进行了技术、品牌等无形资产类的并购。2011年至2012年，我国企业海外并购的数量与金额均连续两年创出历年海外并购的新高。

4. 持续增长阶段（2013年至今）。2013年以来，我国企业海外并购继续快速增长，并购交易数量和交易金额迭创新高。我国政府的供给侧改革，加快"去产能""去库存"和"去杠杆"；推进"一带一路"倡议；实施"中国制造2025"，力推国内高端装备业"走出去"等，这些举措推动与倒逼着我国企业走出去和进行海外并购，借此进入海外市场，分享国家之间投资合作的红利，获取技术、市场与品牌。同时，欧美国家特别是欧洲经济增长乏力，原油等大宗商品价格持续下跌，使欧洲国家资产价格估值不断下移，这给我国企业提供了较好的进入时机。

在这一阶段，我国企业对欧美发达经济体并购所占的比重不断上升，并购的重点区域集中于欧美发达国家与地区。并购的行业分布在医疗、高端制造、互联网、金融领域等，并购的目标是获取欧美发达国家企业的核心技术、品牌、市场等。从参与海外并购的主体来看，民营企业成为我国企业海外并购的一支生力军，万向集团、海尔集团等一批民营企业在海外并购中表现突出。

第二节 我国企业海外并购的特点与动机

一、并购的含义

"并购"一词并没有准确的法律意义，它泛指兼并、收购、合并、接管等。

兼并、合并、收购、接管、并购等概念在内涵和外延上均有不同程度的重叠和交叉。

(一) 兼并和合并

兼并（merger），通常是指一家公司以现金、证券或其他形式购买、取得其他公司的产权，使其他公司丧失法人资格或改变法人实体，并取得对这些公司决策控制权的经济行为。兼并和合并是两个容易混淆的概念，我国有的学者认为兼并和合并含义相同，有的认为兼并属于合并，实际上是吸收合并。在美国公司法中，兼并（merger）是指两个公司合并（combination），合并后只有一个公司存续，用公式表示就是"A+B=A"。合并是指两个或多个公司结合形成一个新公司，所有参加合并的法人实体解散，用公式表示就是"A+B=C"。

对兼并、合并的理解，有广义与狭义之分。狭义的兼并是指吸收合并，狭义的合并是指新设合并。在我国，无论是理论界还是实务界，往往将兼并、合并混同使用，我国立法中也未对两者作严格的区分。所以，广义的兼并、合并可以作为同一概念使用，是指两个或多个经济实体联合成为一个统一的经济实体，而不论是否有一个实体会存续下来，它可以分为吸收合并和新设合并。我们对兼并、合并取其广义，将兼并、合并视为同一概念，兼并或者合并包括吸收合并和新设合并。

(二) 收购和接管

收购（acquisition），在一般意义上是指获取特定财产所有权的行为。在我国，《上市公司收购管理办法》将"收购"定义为："收购人通过在证券交易所的股份转让活动持有一个上市公司的股份达到一定比例、通过证券交易所的股份转让活动以外的其他合法途径控制一个上市公司的股份达到一定程度，导致其获得或者可能获得对该公司的实际控制权的行为。"

接管（take over），是指谋取目标公司的控制权或经营权的行为，并不限于绝对的财产权利的转移。接管包括两层含义：第一层含义是谋求控制权的行为，包括收购股份、投票权的争夺，以及上市公司转化为非上市公司；第二层含义为具体的接管行为，是指实际获得了目标公司的经营权和管理权，如改选董事会、聘任或罢免目标公司的高级管理人员等。接管一般是指接收和管理，具体指他方将有关财产交给接管方，接管方予以接收并对接收的财产进行管理。我国接管主要在破产法领域使用，我国破产法上的接管与上述接管的第二层含义基本相同。

收购和接管相互关联和交叉。收购是指公司用现金、债券或股票购买另一家公司的部分或全部资产或股权,以获得该公司的控制权,但目标公司的法人地位仍然保留。由此可以看出,收购会导致或可能导致目标公司控制权的转移,而控制权的转移一般会导致目标公司管理层的变动。

接管的概念涵盖了收购的内容。收购与接管也有区别,即收购和接管的广度与深度不同。广度不同是指接管的内容比收购要大,接管不仅包括控制权的转移,而且还包括投票权的征集、征集成功之后经营权的获取。深度不同是指收购含有股份的购买、控制权转移的含义,并不意味着必然会发生经营权的转移及管理层的变更,而接管强调的重点恰在于经营权的获取及管理层的变更。另外,收购导致股权这种实体财产权利的转移,而接管并不限于这种实体财产权利的转移。

(三) 收购与兼并

收购、兼并都是公司为谋取自身发展所采取的外部扩张手段,它们有许多相似之处。一是基本动因相似。兼并与收购都是公司在谋求自身发展中所采取的外部扩张战略。通过收购与兼并,可以扩大公司市场占有率;扩大经营规模,实现规模经济;拓宽业务范围,实现多元化经营等。二是交易对象相同。收购与兼并都是通过产权流动来实现公司之间的重新组合,是公司产权的有偿转让,都可以省去解散清算程序而实现公司财产关系和股东关系的转移。

收购与兼并作为不同形式的产权买卖行为,各自具有不同的特点。两者之间的差异主要体现在:

(1) 收购的后果主要是公司控制权的转移,不会必然导致公司法人地位的丧失;而兼并必然导致一方或多方公司解散,法人资格丧失。

(2) 在收购中,收购公司是被收购公司的新股东,以收购出资额为限承担被收购公司的风险;而在兼并后,兼并公司作为被兼并公司的新所有者和债权、债务的承担者,是资产、债权、债务的一同转换。

(3) 在收购中,收购目标公司的股权达到一定比例即可取得该公司的经营控制权,而不必与目标公司的管理层协商,也不须获得目标公司股东大会的批准;而在兼并中,需要事先与目标公司管理层协商达成兼并协议,兼并协议必须获得各方股东大会的决议通过后才能达到目的。

(4) 收购一般发生在被收购公司财务状况正常、生产经营情况稳定时,所以,其产权流动比较平和;而兼并多发生在被兼并公司财务状况不佳、生产经营处于停滞或半停滞状态时，所以兼并后，兼并公司一般要对被兼并公司的生产经营进行调整，重新组合其资产。

尽管兼并、收购、合并、接管含义的侧重点各有不同，但它们有两个非常重要的共同点，一是都是一种产权交易活动。兼并、收购、合并、接管的标的都是产权，活动的结果是产权的转移。二是一方公司的控制权发生转移。交易双方表面上是双方公司，实际上的交易主体是双方背后的控制者——股东，交易的结果以公司控制权的取得和丧失为标志。一方股东取得公司的控制权，另一方股东丧失对公司的控制权。至于公司控制权转移后是合并、分立，还是资产被处置，可以理解为公司控制权转移后的一种整合行为。

也正因为如此，在兼并、收购、合并、接管中，兼并和收购更有典型代表性。习惯中，用"收购"和"兼并"两词的合称"并购"（M&A）泛指兼并、收购、合并、接管活动。本书也是在这一意义上使用"并购"一词，其基本含义是指在市场机制作用下以公司控制权转移为标志的产权交易活动。同时，为表达的方便，将并购方统一称为并购公司，将被并购方统一称为目标公司。

二、我国海外并购的特点

海外并购一般是指一国内跨国性经济主体为了达到某个目的，通过一定的渠道和支付手段将另一国的某经济主体的部分股权或全部资产购买下来，从而实现对该经济主体的经营管理或者所有权的控制能力。

与国内企业并购不同，海外并购涉及两个或两个以上国家的企业，两个或两个以上国家的市场和两个以上政府控制下的法律制度。海外并购需要跨越不同的国家和市场范围，所涉及的利益相关方和利益关系更加错综复杂，并购和整合的难度也很大。随着国际贸易和国际投资的发展，海外并购成为企业向海外拓展市场的重要手段，有助于迅速扩大企业的国际影响，提升国际竞争力和影响力。

随着全球经济一体化和我国经济持续快速的发展，我国企业为了突破国内资源禀赋约束和谋求更大的发展，我国企业纷纷通过海外并购的方式来实施国际化战略，获取国外优势的资源和先进的技术来提升其竞争力。海外并购成为我国企业境外投资的主导方式。我国企业海外并购呈现以下特点。

1. 海外并购交易数量和交易金额快速增长。2012—2017 年，我国海外并购规模持续增长。在全球对外投资规模下降、全球跨境并购规模回落的背景下，我国海外并购一直保持活跃状态，海外并购的交易数量和交易金额不断平稳快速增长。中国对外投资发展报告统计数据显示，2012 年，我国实施的对外投资并购项目 457 个，实际交易金额达到 434 亿美元；2013 年，全年共进行跨国并购项目多达 424 个，实际交易总额 529 亿美元；2014 年，我国企业实施了 595 起并购，跨国并购交易金额 569 亿美元；2015 年，共实施对外投资并购 579 起，实际交易总额 544.4 亿美元；2016 年，海外并购 765 起，实际交易总额 1353.3 亿美元，创历史新高；2017 年，中国跨国并购投资合计完成并购 431 起，跨国并购投资 1196.2 亿美元；2018 年上半年，实施了 140 起并购，实际交易额达到 261.1 亿美元。

统计发现，2017 年较 2016 年有所下降，这是由于我国加强了直接对外投资真实性与合规性检查，房地产、酒店、娱乐和体育俱乐部等领域对外直接投资受到一定的限制。但总体来看，近几年海外并购呈现稳定发展态势，热度不减，在 2016 年、2017 两年交易金额突破了千亿美元，这与我国经济发展、战略指向、政策支持密切相关，我国境外经贸合作区的建设、金砖国家合作机制的推进、"一带一路"倡议的深入，都给海外并购提供新的机遇。

2. 企业海外并购的行业结构正在不断优化。并购行业已由原来产能过剩的能源、矿产、化工等领域转为互联网、信息技术、生物医药、高端制造、智能机器、电信技术等新兴领域。例如，九安医疗用现金 9388.43 万欧元收购法国移动医疗公司 eDevice100% 股权等。收购的热点行业出现明显转移，这反映了我国企业海外并购的主要目标已经从寻找资源逐渐转变为更加注重先进技术和管理经验、品牌以及跨国市场份额。

3. 海外并购融资与支付方式多元化。中国企业在并购中展现了熟练的国际融资技巧。融资方式趋向多元化，包括发行股票、发行债券、发行可转换债券、发行私募交换可转债、引入私募股权投资基金、利用海外上市公司作为平台融资、利用海外市场融资等。各类资本竞相登场，资本公司、并购基金参与热情进一步增强，他们通过提供诸如过桥贷款、债务融资、股权投资、专业咨询、尽职调查、交易结构设计等服务，更多地融入并购交易中，发挥专业资源优势。

2016 年，艾派克采用"自有资金 + PE 投资 + 银行贷款 + 股东借款 + 发行私募 EB"等多种方式的融资，耗资 40.44 亿美元（折合 262 亿元人民币）收购了美国利盟国际 51.18% 股权。2017 年，兖州煤业以其澳洲控股子公司兖煤澳洲作为海外并购主体，以 24.5 亿美元并购力拓集团全资子公司澳洲 C&A（联合煤炭）100% 股权。

在并购支付方式方面，鉴于跨境并购的审批程序以及不同法律框架下的股票发行等诸多因素，中企海外并购目前以现金支付居多，一是为了避免在国外并购上国内多部委审批时间较长的情况，二是增强我国企业在海外并购中的竞争力，提高交易成功率，加快交易过程。

4. 并购对象集中在欧美发达国家。除了一些资源性海外并购外，我国大多数非资源性并购都集中在欧美国家。特别自金融危机以来，欧美国家的很多企业陷入经营困境，股价大幅走低，资产缩水，有的甚至破产倒闭。这给我国企业实施海外并购提供了一次难得的机遇，我国很多企业实施海外并购，以非常低廉的价格获取国外先进的技术或进入高端市场。伴随着我国企业海外并购的战略区域由亚洲地区转向欧美地区，也反映了我国企业的并购动机由获取资源转向获取技术、品牌和海外市场。因此，欧美地区已成为我国企业海外并购的主体区域。

5. 海外并购大多采用横向并购和纵向并购。横向并购是通过扩大企业规模来获得市场势力的一种战略选择，纵向并购是通过产业链整合来实现低成本竞争优势的一种战略选择。有关资料显示，在我国企业的海外并购中，横向并购交易约占 40%，纵向并购约占 50%，混合并购交易约占 10%。我国大型国有企业对海外能源、矿产资源企业的并购，大多属于纵向并购，目的就在于整合自身产业链的战略需求，这也契合了国家发展战略。横向并购的目标是获取先进技术、先进的管理，绕开贸易壁垒进入目标市场。横向并购和纵向并购的广泛采用，推动了我国企业海外并购向纵深发展。

6. 并购交易的主力军是国有企业与上市公司。国有企业与上市公司具有规范的管理、良好的经营能力和充足的资金实力，以及开阔的国际视野，具有较强的并购融资能力和资源整合能力，如海尔集团、美的集团、中国化工集团、首钢、宝钢、兖州煤业、纳思达等。

三、我国企业海外并购的动机

关于企业并购活动的动机，西方学者一直不断地进行着广泛而又深入的研究，试图从不同的角度揭示隐藏在大量并购活动之后的真正动机。我国学者也对此进行了许多有益的探讨,但迄今为止,理论界也未能形成一个比较权威、令人信服的全面解释。与此形成鲜明对比的是,企业并购浪潮一浪高过一浪,并购的数量、规模、方式不断推陈出新。

随着我国经济快速发展和企业实力不断提高,通过海外扩张寻求海外发展机会是我国企业的必然选择。我国企业进行了大量的海外并购,推动了我国经济与世界经济的接轨,大大提升了我国企业的国际竞争力。我国企业进行海外并购的动机较多,在不同的发展时期,并购动机的侧重点略有不同,其主要动机可以概括为获取海外的能源、研发和技术资源、海外的品牌和市场等。

(一) 获取海外的能源

能源分布的地域性差异,决定了任何一个国家的能源都不可能应有尽有和完全满足自身需要,在全球范围内通过广泛的国际合作和并购等多种手段实现能源的优化配置,是世界经济发展的需要。近年来,我国经济的高速发展,对能源的消费迅速增长,许多重要能源的消费量几乎占到全球消费总量的 1/3 甚至是 1/2,这进一步推动了我国国内市场对能源需求的高速膨胀。我国能源的储备并不丰富,进入国外市场进行海外并购,无疑是一条重要的途径。我国很多央企和地方国有企业主导了资源获取型的海外并购。我国资源获取型海外并购的目标区域主要集中在能源资源储备比较丰富的地区,包括澳大利亚、加拿大、美国以及中东、南非和南美洲等地区。中海油收购印尼油田、优尼科,首钢、包钢收购澳大利亚的铁矿,兖州煤炭并购澳大利亚联合煤炭等是典型案例。

(二) 获取海外的研发和技术资源

我国已经发展成为世界第二大经济体,但在科技创新方面落后于欧美发达国家。这种技术上的差距限制了我国企业在国际市场上的竞争力,也为国家经济持续稳定的发展带来了竞争风险。由于技术创新的限制,很多企业发展到一定规模和程度,就会出现无法摆脱受制于人的局面。掌握先进的核心技术才是保持竞争力的唯一途径。核心技术的创新有多种方式,除了自主研发和技术引进之外,并购也是一种重要的方式。

海外并购有助于企业提升核心竞争力,实现弯道超车。采用海外并购方式获取核心技术,一方面,可以打破国外企业知识产权保护的壁垒,快速获得核心技术,在短期内形成较强的技术实力和自主创新能力。另一方面,通过海外并购获得的研发技术时效性强、不确定性较低。随着全球经济一体化,企业之间竞争的时间性日益重要,"快鱼吃慢鱼"现象日益普遍。在这种情况下,企业自主研发需要长期、持续的投入,较长的时间周期可能会使企业丧失最佳的市场时机。通过海外并购来获得相关技术,其操作无论风险上和时间上都比较容易控制。所以,海外并购是提升企业研发力量和技术水平、国际竞争力的有效手段。联想并购 IBM 的个人 PC 业务、艾派克并购利盟国际等是典型案例。

(三)获取海外的品牌和市场

品牌是企业的一种识别标志、精神象征,是企业核心价值观的体现。设计、培育和创造品牌的过程也是不断创新的过程,也是提高产品品质、增强企业信誉、获得消费者信赖的过程。品牌是企业重要的无形资产,品牌所承载的是消费者对产品和服务的认可和评价,是产品品质的综合体现。品牌拥有者可以凭借品牌优势不断扩大市场份额,获取较高利润以及市场竞争优势。

我国企业生产的产品在国际市场的品牌影响力明显较弱,在全球市场上的品牌认知度较低,品牌建设与品牌提升是一个长期的过程。对我国企业来说,选择合适的时机,并购国际上一些知名的品牌,是我国企业进行海外市场扩张的有效途径。我国企业通过收购一个知名品牌进入欧美市场,对扩大自己的业务规模,增加客户源和提高自己在国际市场上的竞争力及影响力是大有帮助的。我国很多企业开展了以获取国际知名品牌、进入海外市场为目的的海外并购,取得了显著成效,大大提升了企业的国际竞争力和影响力。

第三节 理论基础

一、并购效率理论

通过并购,可以将分散在不同企业、不同国家的生产要素集中到一个企业中,由高效的企业管理代替低效的管理,实现资源优化配置,从而提高经济效益。海外并购的效率主要来源于协同效应的实现。协同效应理论包括管理协同、规模经济和财务协同理论。

1. 管理协同理论。管理协同理论包含了差别效率理论和取代无效率的管理者理论两个分支。

差别效率理论认为，如果两个公司的管理效率不同，管理效率高的公司的管理能力超过了其日常管理的需求，该公司便有了并购另一家管理效率低的公司的能力，这可使其过剩的管理资源得以充分利用，从而将目标公司的非管理性组织资本与并购公司过剩的管理资本有机地组合在一起。该理论隐含两个假设前提：首先，假设并购公司不能无条件地释放其过剩的管理资源，其管理层是一个整体，并且受不可分性或规模经济的制约，解雇过剩的人力资源是不可行的；其次，假设被并购公司不能在相关时段内通过直接雇用的方式组成一支有效的管理队伍。

从纯粹的意义上来讲，无效率的管理者是指不称职的管理者，几乎任何人都可以比他们做得更好。更广义地讲，无效率的管理者是指那些未能使公司的经营潜力得到充分发挥的管理者。通过并购能够更换现有的、不称职的管理层，从而对该领域内的资产进行更有效的管理。这一理论为混合并购提供了理论依据。该理论隐含的假设前提是，市场是无效率的，公司股东无法更换不称职的管理者，从而只有通过代价高昂的并购活动来更换他们；并购后，目标公司的管理层将被更换。

2. 规模经济理论。该理论认为，通过并购可以实现合并之前两公司单独运营所无法实现的规模经济。以下三个方面的因素能够带来规模报酬的递增：（1）学习效应。即在企业并购后，优势企业的技术和管理优势向劣势企业传递，或者双方得以互通有无、相互学习，从而提高技术和管理的整体水平，进而降低成本。（2）专业化效应。由于公司规模的扩大，使用的生产设备和劳动力也随之增加，这使得公司可以进行更多的专业化分工，从而提高生产效率，降低成本。（3）充分利用效应。各种生产设备和相关要素因为企业并购导致的规模扩大而得到了充分使用，从而取得了最大的产出效率。

规模经济的第一个优势是成本优势。并购使业务规模扩大，随着一种业务生产经营规模的扩大，可以用更大的产品基数分摊固定成本，使单位产品所分摊的固定成本降低；规模经济改变单位成本。同时，并购使同类管理职能及其管理部门合并，管理机构减少，总的管理效率提高，管理成本相对降低。规模经济带来的第二个优势是效率优势。两个公司相同业务合并，同类业务的资源迅速集中，业务规模迅速扩大。较大的生产规模为采用产能更大、效能更高的先进技术设备提供了可能，为进行更为专业化的生产和分工提供了便利。这使得公司的生产效率、经营效率和管理效率迅速提高。企业通过并购后的资源整合，可以使业务资源得到共享，有效的管理措施和管理经验得到移植，技术优势形成互补，营销网络会更加畅通，从而大大提高公司的竞争优势。

规模经济理论可以解释横向、纵向、混合并购的动机问题。在横向并购中，两个公司可以通过削减冗余的部门，实现优劣势互补，来实现经营上的协同效应。在混合并购中，规模经济常常可以通过一般管理活动如公司的规划和控制职能等方面实现，能提高管理效率，从而节约管理费用。通过纵向并购可以避免相关的联络费用和各种形式的交易费用，以及不完全契约等问题。该理论隐含的假设是，在企业并购活动之前，公司的经营水平或规模都达不到实现规模经济的潜在要求。

但以追求规模经济为目的的并购会受到两方面的制约。从内部因素来看，公司的有效管理是有边界的，但公司扩张到一定程度使得管理不能跟上的时候，横向并购走到了尽头；从外部因素来看，市场的需求是有限度的，公司不可能保证降低成本和价格来拉动新的需求，由于竞争对手的存在和变动，公司不可能保证其他公司不会采用同样的手段来削弱本公司横向并购达成的市场效应。

3. 财务协同理论。财务协同理论认为，并购有助于降低公司的资本成本和提高公司的负债能力。企业并购后，其投资活动被内部化，并购后的公司有较多的条件来提高资本的使用效率，实现资本成本的降低。（1）如果目标公司的破产风险较大，内部资金较少，其资本成本往往会较高，而并购公司拥有充裕的内部现金流量时，通过并购降低资本成本的可能性就较大。（2）由于内部资金和外部资金的使用成本不同，并且可能有优于外部资金的税收优势，那么，内部融资就优于外部融资，并购公司在目标公司所处的行业中投资的资本成本也会较低。（3）与外部融资相联系的较高的交易费用以及股利方面差别税收待遇的存在，构成了提高公司资本分配效率的条件，公司通过多样化并购，可以实现从边际利润率低的生产活动向边际利润率高的生产活动转移。

并购后公司的负债能力要大于两公司合并前的负债能力之和，并且债务的增加将给公司带来税收的节省。有大量的经验性资料证明了并购后公司的财务杠杆有了显著的提高。有盈利的并购公司与亏损企业并购可以达到合法避税的目的。税收政策的优惠对于那些内部投资机会短缺而现金流动又很宽裕的公司而言，是一个实施并购的直接动机。

二、风险管理理论

风险管理旨在将处于风险环境中的某一项目所面临的风险损失降到最低，海外并购面临错综复杂的风险环境，风险管理须贯穿始终。良好的风险管理活动有利于降低并购决策失败率，提高并购整合成功率，有效避免并购损失，有利于并购活动价值创造。

风险管理理论要求把握风险管理的目标与流程。（1）明确清晰的风险管理目标。风险管理目标要服从企业战略并指导风险管理全过程，必须要明确主次，层层分解，清晰可行。海外并购整合风险管理的目标是成功阻断或清除各类整合风险因素。（2）设计科学的风险管理流程。风险管理流程主要体现在风险识别、风险评估、风险应对、风险监控几个阶段。风险识别阶段要广泛收集企业内外部信息，分析东道国宏观环境、产业环境、目标企业情况、自身企业经营管理状况等，识别风险因素；风险评估阶段须评价、识别出风险发生的条件、可能性、带来的损失，采用"灰色关联度法"（GRA）、"模糊综合评价法"（FCE）等将风险量化并与设定的标准进行比对，作出是否应对的决策；风险应对阶段要制定风险管理策略并提出解决方案，围绕企业发展战略，根据风险偏好和承受度作出承担、规避、转移、控制等总体策略，并进一步制订解决方案，落实风险管理工作；风险监控阶段要以重大风险和重大决策为重点，进行风险管理的监督与改进。风险管理流程要实现闭环管理。

根据风险管理理论，对海外并购的内外部环境进行分析，寻找并购整合风险内外部诱因，分析风险演化路径，通过定性与定量相结合的方法进行海外并购整合风险识别、指标设计与筛选，构建海外并购整合风险预警体系，帮助企业应对海外并购整合风险，制定整合风险控制策略。

三、企业能力理论

企业能力理论最早可追溯到亚当·斯密的劳动分工理论。专业化分工提高了生产效率，同时，在专业化分工条件下，劳动者产生了新的经验和知识，这种经验和知识就是企业能力的最初形态。到20世纪90年代，企业能力理论逐渐发展成为企业战略管理领域的主要理论，企业能力理论是对产业竞争理论的超越。产业竞争战略理论认为，企业的主要竞争优势来源于企业外部，如所处行业、行业中的地位等；然而，在现实中，整体亏损的行业中也存在获得高额利润的企业，学者开始将竞争优势的来源聚焦到企业内部，形成企业能力理论。

企业能力理论是由企业资源基础理论、企业核心能力理论、企业知识基础理论、企业动态能力理论组成的相互联系的企业内部竞争优势理论体系，为企业战略管理研究提供了全新的视角。企业资源基础理论认为，企业是一个资源的集合体，企业的竞争优势主要来源于资源的差异、资源独特的结构，来源于企业识别和获取资源的有效性。企业核心能力理论认为，企业核心能力是一种或多种能力的组合，这种能力组合作用于企业资源，形成最佳资源配置结构且产生超越竞争对手的独特价值；企业核心竞争力普遍惠及多种产品、服务和业务，是获取竞争优势的关键，是企业能力体系中最重要的部分。

企业知识基础理论强调知识对于获取竞争优势的关键作用，将知识分为显性知识和隐性知识，两者的区分主要取决于是否通过交流得以揭示、传递：显性知识可以通过交流展现，容易被学习和转移，隐性知识要通过运用得以展现，具有高度个体化、难以学习与模仿、具有高度战略意义等特点。企业动态能力理论加入了外部环境这一因素，认为企业的核心能力具有一定的刚性，从而难以适应快速发展的环境，该理论强调面对不断变化的环境，企业要能够迅速重新整合内外部资源，构建起超越对手的竞争力。

从企业能力理论来看，海外并购是能力管理的过程，是获取先进能力和资源的一种外部发展方式。通常来讲，通过内部发展或小范围市场交易很难在短时间内快速提升企业竞争力，通过海外并购可直接获得其他组织已有的能力与资源，如直接获取具有稀缺性、价值性、独特性、不可复制性的有形资源和无形资源，直接获取管理能力、研发能力、生产加工能力、营销能力等以人为载体的经验、技能和知识，快速提升了企业核心竞争力，而并购整合就是要充分容纳、吸收目标企业的能力与资源，进一步培育、拓展、强化企业核心竞争力。

第二章 企业海外并购整合风险的诱因与衍化机理

第一节 海外并购整合风险的界定

一、风险的含义

风险在日常生活或商业活动中被使用得非常频繁,有多种含义。人们一般认为风险是事件未来结果的不确定性。然而,由于面对的实际情况不同,不同的人对风险的理解可能会有差异。对风险的含义可分别从广义和狭义角度理解。

广义的风险是指不确定性,可能会是损失,也可能会带来收益,存在着好的可能,也有不好的可能。狭义风险是指损失的不确定性,强调的是损失方面。经济活动中的风险多从狭义的角度去理解。例如,企业财务风险是指在各项财务活动过程中,由于各种难以预料或控制的因素,财务成果具有不确定性,从而使企业有蒙受损失的可能。供应链风险是指由于其供货不确定引起下游企业无法正常运作或日常运作受到影响,从而使整个供应链有受损的可能。很少有文献从收益的角度来诠释风险。企业经营活动会遇到各种各样的不确定性事件,一般做的风险分析都是针对未达到期望的目标,通过分析发现造成损失的风险事件,来找到解决方案,实现预期目标。因此,风险可解释为在特定的时间和环境条件下,项目实施结果未达到期望目标的差异程度。

风险按照是否可以分散分为市场风险和企业特别风险。市场风险又称系统风险或不可分散风险,是指对市场上所有企业均会产生影响的风险,如自然灾害、经济衰退、通货膨胀、贸易战等。企业特别风险又称非系统风险或可分散风险,是由于企业内部原因而对企业自身带来的不利影响,如研发失败、战略决策失误、财务管理混乱、资不抵债、产品质量低劣等，企业特别风险可以通过投资多元化来分散或消除。企业特别风险按形成的原因可分为经营风险和财务风险两大类。经营风险是指由于生产经营活动方面的原因而给企业盈利带来的不确定性，如原材料质量不稳定、成本上升、管理制度不健全等。财务风险是指企业由于举债而使财务成果具有不确定性，是筹资决策带来的风险。

风险一般有5个方面特征：第一，不确定性。风险的不确定性有3个层面的含义，即风险是否发生的不确定性、风险发生时间的不确定性和风险产生结果的不确定性。第二，风险的客观性。风险是独立于人的意志之外的一种客观存在，是否发生不以人的意志为转移。第三，风险的普遍性。在现实生活中风险无处不在，例如，火灾、疾病、战争等可能突然发生。第四，风险的可测度性。通过对大量风险的观察和分析，能找到一定规律，利用风险事件发生的概率构造损失预测模型，进行风险评测。第五，风险的发展性。风险会由于时间或者空间因素的变化而不断发展变化，需要不断发展新的技术和方法加以控制。

对于风险的测度，不同国家、不同时期有着不同的理解和认识。综合来看，主要有两大学派，即客观实体派和主观建构派。客观实体派主要依据保险精算、工程学、经济学与财务理论进行研究，该学派认为，风险是客观存在的实体，是可以用数学方法进行预测的，可以客观的概率、方差、标准差、变异系数等来规范和测度。主观建构派的思想来源于心理学、社会学和哲学的贡献，认为风险受人们主观情绪的影响，可以用个人主观信念强度来测度风险。

二、海外并购整合风险的内容

并购整合风险是指并购公司根据产权转让与重构协议，取得了目标公司的经营控制权，在接管、规划、整合过程中，所遇到的因管理、财务、人事等因素而出现的不确定性，以及由此而导致的并购失败的可能性。海外并购整合风险是指由于制度障碍、战略、管理、经营业务和文化等的内在差异，以及缺乏协调冲突的整合措施，最终导致并购战略未能成功或者协同效应不佳的可能性。

并购双方经过艰难的谈判和不断的博弈，最终达成了合作意向，签订了并购交易协议，并购工作在形式上已经完成。但是，这并不意味着并购工作已经结束，并购已经获得成功。恰恰相反，并购后的企业进入并购整合阶段，并购后形成的新企业还要面临许多新的挑战和风险，特别是并购整合不力导致的风险。如果不对并购整合过程进行全面、详尽的思考和规划，使并购双方无法在生产和销售协同上达成一致，双方就无法共享在促销、产品组合以及供应链等方面的最佳实践经验。

本书采用"六分法"，将海外并购整合风险的内容分为战略整合风险、财务整合风险、组织机构整合风险、人力资源整合风险、资产整合风险和文化整合风险6类子风险。这6类并购整合风险可以看作是一个系统，挖掘风险生成的原因和现实缘由，考虑风险间的相互影响，是构建整合风险预警机制的基础。

1. 战略整合风险。并购使企业内外部的经营环境和经营条件发生了重大的变化，企业必须重新调整总体发展战略，把目标公司的发展管理纳入并购后的企业的总体战略之中，实现并购双方企业发展战略的一体化，实现双方企业发展战略的认同和融合。

海外并购涉及多个市场，如何对完全不同的市场进行定位、制定什么样的市场战略，都是海外并购企业面临的挑战。如果定位不当或者市场战略失误，如果并购双方的发展战略不匹配，对并购后的发展战略不认同，甚至有抵触，将导致并购后的企业发展战略不一致，各自为政，经营目标模糊不清，经营方向迷失，资源不能得到有效配置，资产效率无法发挥，不能获得并购的协同效应，反而可能使企业失去竞争优势。

企业海外并购的主要目的在于获取目标企业的核心资源，以提升自己的核心竞争力。这就要求企业制定完善的海外并购战略。有些企业在进行海外并购时，盲目乐观，没有充分认识到自身的优势和劣势，没有充分评估自身的资源整合能力。同时，缺乏对目标企业战略、管理、文化等详细、深入的考察，没有将其纳入自己的发展战略中，最终难以形成真正的融合。这为海外并购未来的战略整合埋下致命的风险。

2. 财务整合风险。实现并购的"协同效应"需要进行有效的财务整合。企业进行并购活动，不仅耗费了大量资金，稀释了股东的股权，还可能进行了大量的债务融资，并购活动对企业的资本结构、股权结构、资产结构、偿债能力、经营战略等产生了重大影响。并购后需要进行有效的财务整合，才能实现并购双方资源的优化配置，提高融资能力，降低融资成本，化解财务风险，实现并购的战略目标。如果并购财务整合不力，财务协同效应就难以实现。

并购财务整合风险主要包括财务信息不对称风险、支付方式选择风险、融资风险、融资资金分配风险等，其突出的风险是并购采用现金支付方式而造成的资金短缺风险。企业并购支付方式单一、筹资结构不合理、债务结构和期限不合理等可能产生财务风险。企业必须重视财务整合，合理安排筹资结构，增加财务弹性，提高并购成功率。

企业海外并购的财务整合风险贯穿整个并购过程，具体体现在并购各阶段上。在并购前，由于我国企业在海外并购方面经验的缺乏和专业人才的稀缺，信息不对称增加了对目标企业进行价值评估的难度，增加了目标企业价值评估的风险。并购过程中存在并购的融资风险和支付风险。企业融资时机选择不恰当可能会增加并购的融资成本，融资方式选择不当会增加企业的财务负担。并购支付方式选择不当会更多地稀释并购企业股东的股权，降低并购企业的收益。另外，由于海外并购的特殊性，汇率的波动也会增加并购企业的财务风险。在并购后期的财务整合过程中，并购双方所适用的财务核算体系的差异、信息披露制度的差异等，增加了财务整合风险，降低了预期协同效应的实现的可能性。

3. 组织机构整合风险。组织机构整合是根据并购战略目标的需要，对并购后的组织机构、组织结构、经营管理模式等进行重构，促使各职能部门、各层次高效、协调运转，实现组织结构之间的相互协同，发挥规模优势，降低成本费用，提高企业效益。如果不能实现这一整合目标，将可能出现机构设置不科学、权责分配不合理、并购后的运转效率低下，有可能导致组织整合风险的出现。

企业完成初步并购活动后，为了适应并购后的新环境以实现协同效应，如何实现组织结构的变革和管理模式的创新也是并购整合中的重要任务。企业并购后，随着其规模的扩大，信息的传递方式和传递速度也会相应地受到影响，如果不对其进行适当的调整以寻求合适的运营模式，有可能无法实现管理协同效应。由于我国企业对跨国公司的经营管理缺乏经验和人才，因此，并购后能否配备合适的管理团队、提高管理水平对我国企业来说是一个考验。

4. 人力资源整合风险。企业最重要的资产是无形资产，无形资产中最重要的是人力资源，人拥有丰富的知识，有巨大的创新能力和价值创造潜力。人力资本的能动性和不确定性，决定了它很容易在并购过程中发生变化，如独特的人力资本资源在并购中的转移、激励制度的变化、组织结构的破坏等导致人力资本的变化。并购后人力资源的有效整合可以提升人力资本的价值，从而提升企业的市场价值。

忽视并购后人力资源的整合有可能降低并购成功的可能性，产生人力资源整合风险。并购后，目标企业的管理层和员工有不安全感，对未来感到迷茫，对企业的信任度下降，缺乏工作的积极性，导致工作效率和生产效率不断下降，甚至出现大量人才流失。核心人才的流失会使原来的管理团队遭到破坏，进而影响到企业项目的进程。核心人才的流失会带走一批人，形成一批人才的陆续外流。并购后，并购双方信息交流和上下级缺乏有效的沟通，人力资源管理的不规范，人员的任用随意，这也会延长并购企业人力资源整合的过程，影响到企业的生产效率，甚至引发并购的失败。

5. 资产整合风险。资本的本性是追逐利润，企业并购的目标是实现对目标企业资产的有效利用，通过并购提高目标企业资产的管理效率和使用效率。并购后需要合理预测和控制全部资产的需求量和占用量，既能保证生产经营的需要，又无积压浪费；优化资产的结构和比例，以尽量少的资产占用，取得较高的经济效益；加速资产周转，提高资产使用效率。如果并购后不能实现对目标企业资产的带动作用，没有提高目标企业资产的效率，并购就没有达到预期目的，造成新的资源浪费和损失，产生了资产整合风险。

6. 文化整合风险。并购文化整合是把并购双方企业的文化融合为一个优秀的整体，消除企业之间的文化鸿沟和文化融合的阻力。企业并购的文化整合风险，主要表现在并购双方企业之间的文化差距、文化对立以及两种文化融合的阻力，取决于两个企业不同文化类型的整合难度、企业中主文化与分支机构亚文化的整合难度、企业决策者所采用的整合模式。

在并购整合过程中，文化整合是最困难的，文化整合涉及对人的行为方式、规则乃至价值观的改变。特别是海外并购，海外并购文化整合是在行业、国家、民族之间进行的，文化整合将引起利益关系和价值观念的调整。在企业文化中，企业价值观是产生差异的根源，它直接影响员工的思维方式和行为习惯，进而影响企业的经营活动。处于不同文化环境的企业在并购后，如果不能及时处理好这些差异，很可能会使员工对决策指令的理解出现偏差，影响工作和工作效果。

我国企业海外并购的目标企业大多是欧美知名企业，这些企业对自身的文化有很高的认同度。我国与西方国家存在较大的文化差异，在经营理念、管理模式、绩效评价、薪酬激励机制、员工沟通方式等方面存在较大差别。在并购整合过程中，必须正视文化差异，解决文化冲突，吸收目标企业文化中的先进部分，形成双方和睦相处的文化基础。如果对深层次的文化整合风险认识不够，或者限于海外并购经验的缺乏，对文化整合心有余而力不足，不能有效解决并购双方企业之间的文化冲突，将很可能导致并购失败。

从并购整合与并购各阶段的关系来看，并购整合风险并非只存在于并购整合阶段，并购整合风险在并购决策阶段就已开始出现，贯穿在并购的各个阶段当中。对于并购整合风险的分析，应从并购决策、并购交易和并购整合整个过程来考虑。仅仅在并购整合阶段考虑整合风险会贻误防控风险的最好时机。海外并购整合风险预警应按照并购整合风险产生阶段来安排布局，才能真正起到提前警示风险并及时防控风险的作用。

三、海外并购整合风险的特点

海外并购整合面临的内外部环境更加复杂，文化差异与文化冲突也更加明显。通过与国内并购相比较，发现海外并购整合工作难度加大，风险导致整合失败的可能性更高。海外并购整合风险的复杂性主要体现在以下3个方面。

1. 信息不对称更加严重。信息不对称普遍存在于经济活动中，也普遍存在于并购活动中。在并购活动中，相对于并购企业，目标企业拥有信息优势，目标企业拥有并购企业不知道的某些信息，或是隐瞒了有关真实信息，或是编造虚假信息等，影响了并购企业的正确决策，从而使并购企业承担较高成本或直接导致并购失败。在国内并购中，由于目标企业通过粉饰报表等手段掩盖企业真实价值，并购方无法掌握真实信息，出现了并购价格偏高的现象。

而在海外并购中，信息不对称情况愈加严重，由于财务核算方面并非完全按照国际会计准则执行，各国按照自己的国情，财务核算有着自身的特点，重新调整需要技术和时间，容易丧失有利的并购时机。另外，对他国政治经济环境的不熟悉也会使并购整合难度加大。在海外并购整合中，为降低经营成本，减员或降薪成为普遍采用的手段。若一国工会组织势力强大，政策又鼓励工会罢工，计划一旦涉及裁员就会导致出现罢工，会使并购整合很难正常进行，完成利润指标更是无从谈起。总之，信息不对称将会使海外并购因不能及时、准确地了解目标企业真实经营状况而需要承担更高的并购风险。

2. 民族文化和企业文化双重差异使整合风险加剧。企业文化作为企业的价值理念对企业经营模式、企业凝聚力、员工行为等各个方面产生内在的深刻影响，是一种强有力的内在约束。在国内并购中，并购双方企业文化的差异增加了并购整合的难度。然而，在海外并购中，企业文化和民族文化的双重差异使得并购整合更加困难重重。就像企业由于不同的发展经历和不同的发展阶段会形成不同的企业文化一样，不同的民族和不同的国家也会因为历史发展各异而形成自己的民族文化，主要表现为风俗习惯、价值观念、宗教信仰等，具体而言，包括集体主义与个人主义、权力距离感、风险承受度等。

如果并购双方企业之间存在巨大的民族文化和企业文化差异，在经营模式、管理理念、绩效评价、薪酬管理、激励方式、信息沟通、行为方式方面存在分歧，那么，在并购整合过程中会产生更多的矛盾和困难，并购双方的管理风格和价值观念无法统一，比如，国外的企业文化相较于我国企业会更加开放，员工承受风险的意愿较我国员工更强等。若在企业管理模式上找不到平衡点，会造成企业优质人力资源的流失。在海外并购整合中，民族文化和企业文化的差异会体现在管理的各项活动中，如沟通障碍、管理风险差异、种族优越感等，阻碍了对目标企业的整合。

3. 海外并购整合对人才要求更高。在未成功开展并购整合的海外并购案例中，缺乏并购整合经验和缺乏并购整合人才是主要原因。人才是指具备一定的知识和技能，能够进行创造性的社会活动从而产生价值增值的人力资源，相较于普通的人力资源有更高的能力和素质。海外并购由于具有并购金额大、并购风险高等特点，决定了海外并购整合需要国际化、高素质、综合性的人才。TCL是国内家电业巨头，通过并购国内大大小小的企业使得规模不断壮大，然而，2004年并购法国汤姆逊公司一举让其损失惨重，这与其缺乏国际型跨国人才储备不无关系。因此，海外并购需要一支精通国际业务、运作经验丰富的人才团队，既要懂得我国企业运营发展规律，又能深刻把握国际经营规则，为并购整合提供具有建设性的意见和建议。

第二节　海外并购整合风险的诱因分析

一、海外并购整合风险的外部诱因

唯物辩证法认为，"外因是事物变化的条件，内因是事物变化的根据，外因通过内因而起作用"。因此，海外并购整合风险的发生从本质上来说，也应该由外部因素、内部因素主导。分析海外并购整合风险的诱因机理，不仅应识别出诱发并购整合风险的外部侵入、内部滋生的"病毒"，更要清晰识别出所缺失的整合风险"免疫基因"——外部诱因、内部诱因与"风险免疫能力"的缺失。

企业与其外部的经营条件、经济组织以及其他外部因素之间处于一个相互作用、相互联系、不断变化的动态过程之中。这些处于企业外部、非企业所能控制的外部因素形成了企业的外部环境，既可能给企业带来有利的发展机会，也有可能给企业带来威胁。在企业海外并购的实践中，如果未能全面、客观地分析外部环境的现状及发展趋势，那么，这些不利的外部因素会衍化成并购整合的障碍与风险。这些外部整合风险诱因包括政治法律因素、社会人文因素、宏观经济与市场的不确定性等。

1. 政治法律因素。在海外并购中，企业所面临的风险不仅包括商业层面的经营运作风险，还包括来自东道国国家和地区层面的政治与法律风险。近年来，我国很多企业海外并购因为东道国的政治压力和东道国的舆论偏见而导致并购失败，如中铝并购力拓、中海油并购优尼科、中国五矿并购诺兰达等，政治法律因素已经成为我国企业海外并购中的一大障碍。如何规避政治法律风险，将风险控制在可承受范围之内，是我国企业海外并购应当考虑的重要因素。

政治法律因素主要包括目标国政局的不确定性、政治体制差异与冲突、政府政策不确定性、目标国对并购的法律规制等。政局的不确定性是指目标企业所在国发生战争、政变或其他政治变革给海外并购后的整合带来的风险。政治体制差异与冲突是指中国与西方国家政治结构、政治体制的差异引起我国企业（尤其是国有企业）实施海外并购时，西方政府对"中国威胁论"的担忧，这种不信任情绪会给我国企业海外并购整合带来障碍。政府政策的不确定性是指目标国政府规章制度、财政货币政策、贸易限制、价格控制、国有化、产业保护等方面的管制政策对海外并购整合的影响。目标国对并购的法律规制主要是指发达国家在其法律体系中对于外资并购的产业限入、外资控股程度、垄断性并购的判定，以及对于外资并购的审批程序明确具体的规定。这些法律规制对我国企业海外并购后的整合也形成了外在的风险。

2. 社会人文因素。社会人文因素差异包括社会意识形态、社会文化差异等，这些差异也是海外并购整合风险的诱因。"七七定律"表明，海外并购中有70%

的比例没有达到预期的效果，而未达到预期效果的并购事件中有 70% 的比例是因为文化整合不利导致的。首先，文明渊源、地缘、发展进程等方面的差别形成了我国与其他国家在社会意识形态上的差异，而这种差异会衍化为企业层面、员工层面价值观的迥异，进而带来海外并购整合风险；其次，语言、历史、种族、宗教信仰、人口等因素的差异形成了我国与其他国家在社会文化上的差异，这种差异会形成文化、人力资源、管理模式整合的风险。如联想并购 IBM PC 部门的成功经验说明，加强文化整合对于海外并购整合取得成功至关重要，因此，社会人文因素是海外并购整合风险评估中不可或缺的重要方面。

3. 宏观经济与市场的不确定性。宏观经济与市场的不确定性主要来源于宏观经济形势和市场环境状况这两个方面。宏观经济的不确定性包括目标国经济景气度、通货膨胀、利率等方面的不确定因素对海外并购整合带来的不利影响，宏观经济的不确定性主要带来海外并购的财务整合风险。例如，2009 年受到全球金融危机的影响，富通集团财务状况恶化，导致中国平安对富通集团并购整合失败。

市场的不确定性包括市场竞争格局、产品市场认可度、营销渠道等方面的不可预测性，市场的不确定性主要会引起海外并购的业务整合风险。例如，于 2011 年发生的 TCL 并购法国汤姆逊整合失败并反遭索赔事件，其原因在于科技的发展、平板电视的出现严重冲击了汤姆逊的彩电业务，针对汤姆逊产品市场，TCL 未对其作出正确的判断，导致并购整合失败。综上可见，宏观经济和市场环境是海外并购整合风险评估中不可忽视的重要因素。

二、海外并购整合风险的内部诱因

海外并购整合风险的诱因是多方面的，既有宏观层面的因素，也有微观层面的因素，既有企业外部的因素，也有企业内部的因素。从并购双方企业来看，海外并购整合的内部诱因主要是知识共享机制的缺失、我国企业与海外目标企业的内在差异性这两个方面。

1. 知识共享机制的缺失。在知识经济时代，企业获取核心竞争力的关键在于知识资源的获取、分析和利用的有效性，知识共享是组织增强知识应用与创新、提高组织核心竞争优势的基本方式。而建立系统有效的知识转移、共享机制，促进海外并购双方企业协同效应的发挥，是降低海外并购整合风险的关键举措。钟耕深等认为，知识可根据其复杂性与内隐程度分为显性知识与隐性知识。显性知识的共享可以很容易地通过管理指令和技术手段实现；而隐性知识的共享则要复杂得多。隐性知识共享机制的障碍源于文化冲突、共享能力缺失、共享路径不畅等。知识转移、共享机制的缺失带来的问题包括品牌资本、核心人力资本、蕴含在双方管理模式和业务流程及组织惯例中的隐性知识的丢失，从而诱发海外并购在技术、人力资源、管理、业务整合等方面的风险。

2. 双方的内在差异性。本质上，海外并购整合是并购双方融合与一体化的过程，而并购双方的内在差异性是双方融合的最大阻碍。在海外并购整合中，双方企业的内在差异性，会增加并购后整合的难度，甚至会引发冲突，诱发整合的风险，这是海外并购整合风险最核心的诱因。构成整合风险诱因的内在差异性包括：（1）战略愿景的差异；（2）组织文化、员工价值观的差异；（3）业务与市场定位的差异；（4）组织结构与管理模式的差异；（5）财务目标与财务职能的差异等。因此，在海外并购整合中要重视以上5个方面的差异，及时发现整合风险的内在差异性的诱导因素，及时预防和解决可能存在的冲突。

第三节　海外并购整合风险的衍化

从动态来看，海外并购整合风险有其"萌芽、成长、爆发"的路径，这个路径，我们可以称之为海外并购整合风险的衍化机理。机理有两种解释：第一种解释指的是为了实现某一种特定的功能，在系统结构中的各个要素的内在作用方式，以及在特定环境条件下相互联系和作用的运行规则与原理；第二种解释是事物变化的原因与道理。由此，可以得出机理就是事物运行的原因、规则和脉络。因此，厘清海外并购整合风险的衍化机理，需要我们回答以下问题：第一，并购整合风险从何时开始？第二，并购整合风险要经历怎样的传导与衍化历程？第三，并购整合风险发展程度的决定性因素是什么？参考 Brunsman，Sanderson and Voorde，胥朝阳、周婉怡、崔永梅、余璇等学者对并购程序的划分，本书将海外并购划分为4个阶段：尽职调查与决策阶段、并购交易阶段、并购整合阶段和一体化阶段。基于以上并购流程4个阶段的划分，本书提出海外并购整合风险衍化机理如图2-1所示。

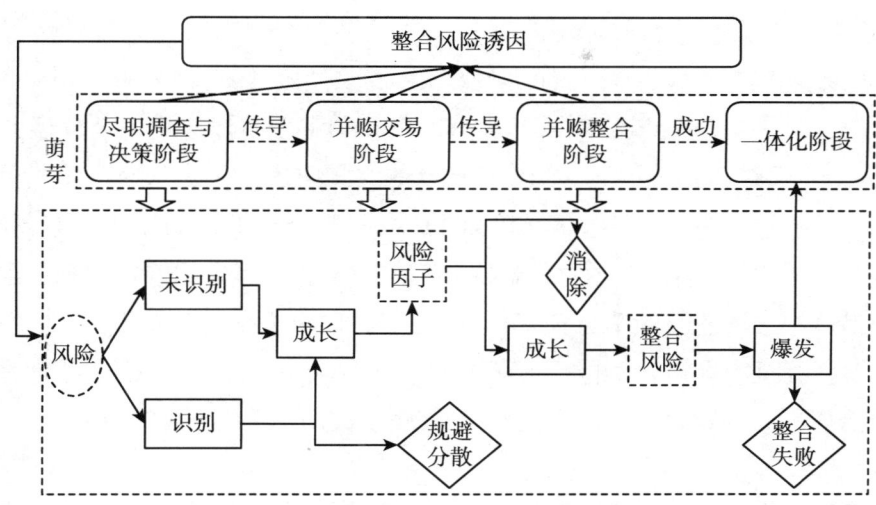

图 2-1　海外并购整合风险衍化机理图

一、海外并购整合风险衍化的起点

并购与整合不是两个分立的过程，并购整合风险虽在整合阶段才显现，但实际上很多风险"种子"在尽职调查阶段、并购交易阶段就已经"萌芽"。如在尽职调查阶段，对我国和海外并购目标国社会文化差异的疏忽，就可能演变为整合阶段"难以抹杀"的文化整合风险；并购交易阶段对目标公司资产、负债的不当处理，就可能演变为整合阶段无法克服的财务整合风险。因此，海外并购整合风险诱因贯穿于决策阶段、交易阶段与整合阶段。而这些风险诱因经过萌芽会成为现实的"整合风险种子"。简言之，在整个海外并购过程中，并购整合风险因子会不断涌现，但是，海外并购整合风险衍化的起点可追溯至海外并购的尽职调查与决策阶段。

二、海外并购整合风险衍化的路径

与其他任何事物的发展一样，并购整合风险"萌芽、成长、爆发"也要经过一个动态演进的过程。(1) 在并购的决策、交易、整合各阶段存在多种潜在的整合风险诱因。(2) 随着并购活动的不断进行，这些并购整合风险诱因经过"萌芽"，成为现实的"整合风险种子"。一部分识别出的"风险种子"将被规避或者分散，从而消除在"萌芽"阶段；另一部分识别出的"风险种子"会因为无法规避分散"成长"为"整合风险因子"。所有未被识别的"风险种子"都会"成长"为"整合风险因子"。(3) 在并购整合阶段之前，部分多元化的"风险因子"会被识别、治理、消除；剩余的"风险因子"会在整合阶段衍化为"整合风险"，构成并购整合的障碍。(4) 在并购整合阶段，各种"整合风险"随着整合工作的开展集中"爆发"。整合工作小组按照事先的整合规划，运用各种整合措施，选择适当的整合模式对整合风险集中防控。其结果或者是主要的整合风险，经过治理得以消除，并将并购推至一体化融合阶段；或者是因为整合风险治理不力，导致并购整合失败（详细衍化机理可参看图 2-1）。

三、海外并购整合风险衍化程度的关键决定因素

海外并购整合风险的"产生、发展、爆发"是一个可以识别和预防的过程。但问题的关键在于：哪些因素决定了并购整合风险诱因衍化的程度？这些因素是否可控？如果对以上问题的回答是肯定的，那么，这些因素将是我们"阻断"整合风险因子"成长、爆发"的关键。因此，深入分析整合风险衍化程度的决定性因素也是必要的。

"萌芽、成长、爆发"是风险衍化的"三部曲"；也是风险严重程度从轻到重的一个量变到质变的过程。美国反虚假财务报告委员会下属的发起人委员会（COSO）《企业风险管理——整合框架》强调应该从流程管理的角度来处理企业的风险问题。丁友刚、胡兴国指出，"企业要想有效地管理风险，还必须借助于目标的设定，对风险进行计划；借助于内部控制对风险进行事中的控制……"。因此，结合流程的"干预"机制及其有效性是决定整合风险衍化程度的核心。这些"干预机制"主要包括：风险萌芽阶段对"整合风险诱因"的识别与规避机制；风险成长阶段对各类"整合风险因子"的动态监测与消除机制；风险爆发阶段对"整合风险"的全面监控与治理机制。并购整合风险能否被有效"阻断"或"清除"取决于上述 3 种机制的有效性。以上 3 种机制相辅相成，并且拥有共同的立足点——信息沟通、内部控制与内部审计。有效的信息沟通平台是获取并购整合风险衍化情况的前提；并购整合风险的内部控制体系是规避、消除、治理各层次并购整合风险的关键；而面向风险监测、风险内部控制的内部审计则是 3 种机制有效实施的有力保障。

第三章 海外并购整合风险的预警机制分析

第一节 海外并购整合风险预警机制的内涵和特点

一、海外并购整合风险预警机制的内涵

企业风险预警是指对企业潜在风险的预先揭示。具体而言，是通过对企业风险的发生原因和风险传导的方式、方向、强度等特征的分析，以预先确定的阈值为基准，预先提示风险在特定时间内的危害程度。刘永胜在研究供应链风险预警指标体系时指出，通过风险预警对风险进行监控，企业可根据监控的结果采取相应的措施，化解或者排除警情，降低风险发生的可能，从而提高企业风险管理效率，实现风险管理目标。陈守东、杨莹和马辉对我国金融风险进行了预警研究，采用 Logit 模型建立了金融市场风险预警模型和宏观经济风险预警模型，对防范金融风险起到了一定的借鉴作用。可见，风险预警无论作为企业经营风险防范手段，还是国家宏观经济风险的控制手段，都将起到一定的积极作用。

风险的发生并非瞬间出现，而是要经历一个由萌芽到逐步发展、扩大的过程。之所以能对风险进行预警，在于风险的初期表现与发生风险事件之间存在着时间差，在这个过程中，各种风险因素及其表征，会不同程度地在整合工作中体现。通过分析和判断影响因素指标及其发展的趋势，能对潜在的风险产生预警作用。风险被识别的时间越早，采取措施进行风险回避、风险消除、风险降低的可能性就越大，能够及时避免风险带来的损失，及时控制风险造成的人力、财务、物力等成本耗费。因此，海外并购整合风险预警应当注重预防性

风险管理，做到整合风险事前防范，早期控制。

"机制"一词源于希腊文，意指机器的构造和运作原理，即解析机器在运转过程中各个零部件之间的相互关系及运转方式。由于该词能体现事物之间的相互关系，所以被广泛应用于生物、医药以及管理领域。

海外并购整合风险预警机制是把海外并购整合风险预警的运行看成是一台"机器"，研究该"机器"要正常运转需要哪些组成部分以及这些组成部分相互之间的关系，从而确定在一定目标条件下应该按何种方式协调运转。风险预警要发挥作用，必须建立有效的风险预警机制。海外并购风险预警机制是在海外并购不确定的环境中和信息不对称的情况下，将海外并购整合工作中存在的各种潜在风险、危机因素及其活动规律作为研究对象，深入研究海外并购整合风险和危机产生的具体原因，构建能预防和降低整合风险的一整套预警方法，是能够为防范海外并购整合风险提供理论指导和具体对策的一个系统工程。

整合风险预警机制要对海外并购双方企业整合工作中的相关行为进行监测、识别、分析、判断、反馈和调整；同时，与专门的分析控制方法相结合，为防范整合风险提供指导和帮助。一个有效的海外并购整合风险预警机制，能够在所面临的各项潜在风险尚未形成，或者刚刚显露问题的时候，就可以及时进行预警，防范整合风险的入侵和扩散，及时对整合风险的来源做出定位、判断和分析，运用风险防范措施和方法规避或降低整合风险，将整合风险造成损失的可能性降到最低，从而提高海外并购整合的成功率。

二、海外并购整合风险预警机制的特点

（一）强调风险是一个整体的概念

海外并购业务的复杂性决定了并购整合风险的复杂性，风险来源复杂，风险种类多且相互关系复杂，潜在的损失也更加巨大。如果仅从单方面孤立地分析企业并购风险、建立风险预警模型会忽视风险之间的相互作用机理，未免过于片面，从而不能建立起科学有效的并购整合风险预警机制。因此，并购整合风险预警机制首先强调风险是个整体的概念，认为并购整合风险之间并非是相互孤立的，而是相互作用、相互影响的，是一个不可分割的整体。在风险预警体系中全面、综合地认识风险才能有效控制风险，实现整合的目标。例如，在

组织结构设计及制度安排时，会因为文化差异使一些员工不能适应新的规定，导致离职事件发生。因此，未处理好某一项风险，就可能对其他风险产生影响，继而发生一系列不利于并购整合的事件。将并购整合风险看作一个整体来进行防控是非常必要的，也是非常重要的。

（二）强调企业部门之间的合作

根据亚当·斯密的劳动分工理论，组织内的各项活动可通过分工的方式提高效率。但随着产品的日益复杂性导致中层管理人员的逐渐增多，产品的间接费用逐步超过其直接成本，导致企业成本增加，竞争力下降。同时，由于各部门以节约成本作为考核指标，会导致各部门各自为政，为维护本部门的私有利益而造成企业整体利益的巨大损失。

并购整合事关企业全局，归属于企业战略层次，要提高并购整合风险预警的有效性，必须要克服各部门各自为政的弊端，必须将企业作为一个整体看待，增加部门间的协调性，强调部门间的合作。通过整体的合作，在同一框架下分析并购整合中面临的各种风险，运用一定的方法确定整合风险的重要程度，掌握整合风险防控的重点，有效控制整合风险成本，提高海外并购整合的效率和效果。

（三）风险管理理念与企业文化的融合

现代风险管理理论认为，风险管理是某一主体的系统工程，由内部员工各司其职，依托有序的组织来实现风险管理的目标。在某一主体内部，由企业管理层从战略高度对风险管理进行把控，在基层，组织风险管理应落实到个人，贯穿于企业整体之中，即风险管理是企业内部每一个员工的责任，风险管理应该成为每位员工职位中明显或隐含的组成部分。

整合风险预警是风险管理的重要组成部分，做好风险预警工作，要将风险管理的理念深入员工的意识中，让每个人都意识到风险预警是企业重要管理行为的一部分，是每个员工的职责，并非只是风险管理者的事情。事实上，企业所有的员工都在整合风险预警工作中起着作用，所有的员工都承担起支持风险管理所需要的信息与沟通流程的责任。只有将风险的意识植入所有员工的思想中，使其成为一种思维和行为习惯，即与企业文化相融合，才能让风险预警更有效地发挥作用。

第二节　海外并购整合风险预警机制的构成

整合风险预警机制是根据所研究的整合工作的特点，通过收集相关的信息和资料，监控风险影响因素的变动趋势情况，评价各项风险偏离警戒值的强弱程度，发出预警信号以便采取防控措施的过程。风险预警机制必须包含3个方面内容：第一，风险识别。发现风险源，进行风险分析，找到风险发生的原因是进行风险预警的基础。第二，构建预警模型进行风险预警。首先，通过对整合风险影响因素的分析，对风险的影响因素进行层层分解，将可控的风险因素作为指标进行分析，然后，采用风险评价工具，确定风险指标分配权重，结合风险阈值对风险进行综合评判。第三，制定风险应对策略。这3个部分是一个整体，循环往复，互相补充，缺少任何一项，都无法构成整合风险预警机制。

一、海外并购整合风险预警机制的构成要素

海外并购整合风险预警机制由3个要素构成，分别是整合风险识别、整合风险预警、整合风险策略。

（一）整合风险识别

1. 风险识别的定义。"识别"一词在汉语词典中的解释一般为"辨别、鉴别"，《辞海》中的解释是"定性"。识别最早起源于国际私法，又称为归类和定性，是指在适用冲突规范时，依照某一法律制度，对有关事实或问题进行分类和定性，将其归入一定的法律范畴，并对有关冲突规范进行解释的过程；主要应用于法律范畴，用于对引用的冲突规范进行解释。

克里斯·查普曼（Chris Chapman）和斯蒂芬·沃德（Stephen Ward）在编写的专著《项目风险管理：过程、技术和洞察力》中认为，风险识别包含两方面的任务：第一，采用头脑风暴法、调查访问、调查问卷等一系列技术方法发现风险来源，并采取相应的应对措施；第二，采用归类和分解的方法，对风险进行分类，建立合适的风险体系。C. 小阿瑟·威廉斯（C. Arthur. Willianms，Jr.）等在《风险管理与保险》中解释，风险识别是企业通过采用相关技术收集有关

风险源、风险因素、危害和损失暴露等方面的信息，逐步认识在哪些方面面临风险的过程。

结合海外并购的特点，海外并购整合风险识别应定义为企业在并购过程中，通过收集相关资料，采用风险分析技术和方法，对整合风险源、风险因素等要素进行辨识的过程。风险识别就是通过充分进行风险调查和分析，发现风险管理对象的风险源，并且找出风险因素（即转化为风险事故的条件）。因此，风险识别过程的主要环节包括发现风险源和找出风险因素。风险识别是风险预警机制工作的首要环节，其他环节都是以风险识别的结果为基础。

上汽在整合韩国双龙汽车的过程中发现，并购双方在管理理念方面差异较大，且很难沟通，甚至引发了较大的矛盾冲突，员工们以罢工的方式来抵制公司的裁员政策。上汽就这一并购整合事件进行风险识别，发现罢工是风险事件，是导致工厂停工多日并产生损失的直接原因，沟通障碍、裁员方式等是事件发生的条件，属于风险因素。通过对风险因素的进一步发掘，发现文化差异是风险发生的主要来源。海外并购整合风险的产生贯穿并购的整个过程，文化差异是并购发生前就存在的客观事实。整合前进行文化差异的评估是对掌握的信息进行处理，在并购尽职调查阶段根据掌握的信息编制并购整合计划。随着并购的向前推进，着手展开并购整合的准备工作，并购交易达成后根据计划和事先确定好的应对措施开展并购整合的实施工作。因此，进行整合风险识别并在风险预警机制中熟练加以运用，会有效提高风险预警的准确度。

风险识别能够在风险事件实际发生之前，运用一定的方法和工具发现海外并购整合中所面临的潜在风险及风险产生的原因，包括风险辨识和风险分析两个阶段。风险识别是风险预警机制中最基础的环节，风险识别得到的结果是其他环节的基础。若企业没有意识到这些风险存在的潜在可能性，就不会分析其影响因素，在风险预警指标中就没有该项风险指标的存在，从而未采取任何防范措施，大大增加了这些风险源转化为风险事件的可能性。

2. 风险识别的作用。为建立可靠的风险预警机制，必须首先对其面临的诸多风险进行全面、充分和科学的识别。风险识别在整个风险预警机制中占有重要地位，主要作用体现在以下几个方面：

（1）风险识别是风险预警机制的基础。风险识别可提高风险预警的目的性和具体化。感知到并购整合的关键风险，并准确地分析出主要的风险因素，能使风险预警工作有的放矢。关键风险的选择失误会使风险预警失效，无法起到提前警示风险的作用。预警指标体系是在风险识别的基础上，对风险因素进行衡量而建立，风险识别工作质量的高低对指标的建立有决定性影响。

（2）风险识别为风险分析提供必要的信息。风险识别是进行整合工作分析、控制的关键。风险识别的首要工作是收集资料，并用风险识别技术进行分析、判断，归类整理出关键风险；而后面的风险预警模型、风险对策选择都是在关键风险提供的信息基础上进行的。

（3）风险识别确定整合风险项目的工作量。风险识别是对风险进行筛选、监测和诊断，风险识别确定了关键风险的多少，以及风险影响因素的数量等，决定了整合风险预警机制的工作量。

（4）风险识别是系统理论在风险预警机制中的体现。风险识别是整合项目计划和控制的基础。风险识别通过多种风险识别技术的结合使用，将并购过程中涉及的整合风险在一个系统内进行综合分析，力求将关键风险都囊括在内，体现了系统理论的思想，为整合计划和风险控制的有效实施打下基础。

（5）风险识别协助找到重要的合作伙伴。我国企业开展海外并购的时间还不是很长，海外并购对中国企业而言还是新鲜事物，经验相当缺乏，并购整合人才相当缺乏，企业并没有专门的经验丰富的团队从事这一项工作，需要合作伙伴的配合。在风险识别阶段，通过对环境、内部资源不确定性的分析，能发现需要哪些合作伙伴来完成风险防控任务，包括并购伙伴的选择和内部管理团队的建设等。

（二）整合风险预警

风险预警子系统主要是在分析大量文献的基础上，将影响因素逐一分析、整理，建立预警指标体系；通过建立综合评价模型，确定各项指标的权重，将各指标估值代入，可测算出海外并购整合的单项风险和综合风险程度，若某项指标的得分超出预警范围，则表示有风险警示，应引起应有的重视，对其中有重要影响的指标做重点分析和采取预防措施。

预警子系统中有三大关键要素，即预警指标、警戒线及指标权重。首先，风险的产生必须从外部环境和内部系统着手，收集资料，分析判断产生各项风险的原因，据此得到整合风险预警基本指标。由于企业海外并购会在不同的国家或地区进行，面对的外部环境不同，而且内部资源和能力也有差别，各项风险的重要程度会有差异，不同企业的风险预警指标会有所不同。因此，单个企业的预警指标应是在预警基本指标的基础上进行筛选得到的。其次，警戒线的确定。整合风险预警指标的风险值按李克特 5 分量表的形式进行打分，超过 3 分的表示有较大风险，3 分表示存在中等风险，3 分以下表示存在较低风险。不同的风险程度应有不同的应对策略。最后，指标权重的确定。各项并购整合风险之间存在相互依存、相互影响的关系，为此，引入"ANP 法"，根据相互间存在关联的指标的相对重要性，来最终确定指标的权重。

（三）整合风险策略

风险应对策略子系统是对超过警戒线的指标进行风险管理的系统。对预警指标的监测，超过警戒线的指标会出现警兆，通过对这些指标进行分析，可找到相应的应对策略，尽量防止或降低风险的发生。一般而言，有 4 种风险应对策略，即风险回避、风险减轻、风险转移和风险承受。

风险回避是指在完成项目风险分析与评价后，如果发现项目风险发生的概率很高，而且可能的损失也很大，又没有其他有效的对策来降低风险时，应采取放弃项目、原有计划或改变目标等方法，使其不发生或不再发展，从而避免可能产生的潜在损失。风险减轻是减少不利的风险事件的后果和可能性到一个可以接受的范围。通常在项目的早期采取这种策略可以收到更好的效果，例如，在软件开发过程中，人员流失对于软件项目的影响非常严重，我们可以通过完善薪酬和激励制度、配备后备人员等方法来减轻人员流失带来的影响。风险转移是指通过合同或非合同的方式将风险转嫁给另一个人或单位的风险处理方式，如海外并购或跨国投资时购买保险。风险接受是指准备应对风险事件，包括积极地开发应急计划，或者消极地接受风险的损失，如资产计提资产减值准备、应收账款计提坏账准备等。

当风险对整合影响较大，且风险程度较高时，从技术上来看，为避免风险发生，应采用风险回避策略。若风险程度较高，但该项风险在总体整合风险中所占比重较低，可采用风险转移。在其他情况下，可采用风险减轻或风险承受策略。在对风险警兆进行处理的过程中，将处理结果及产生的效应及时传递给风险信息收集部门进行分析，形成新的风险指标信息。

在海外并购整合风险预警的应对策略选择上，要根据整合风险的特点，同时结合并购所处的阶段，对具体整合风险分类别加以分析，得到合理的风险应对策略。例如，企业已决定并购，并且已签订并购协议，此时，通过预警发现一些指标出现高概率、高风险程度的状况，但已无法采用风险回避策略，只能根据所处的并购阶段采取风险减轻策略，尽量降低风险的发生；另外，还要处理好综合整合风险和单项整合风险的关系。当综合整合风险未出现警兆,但单项指标出现警兆时,也应及时进行处理,不能因为整体风险较小就丧失警惕。

二、预警机制的运行程序

建立整合风险预警机制,要使该系统有效运转,必须设计相应的运行程序,让各部门按各自的职责遵照执行,实现整合风险预警目标。具体流程图见图3–1。

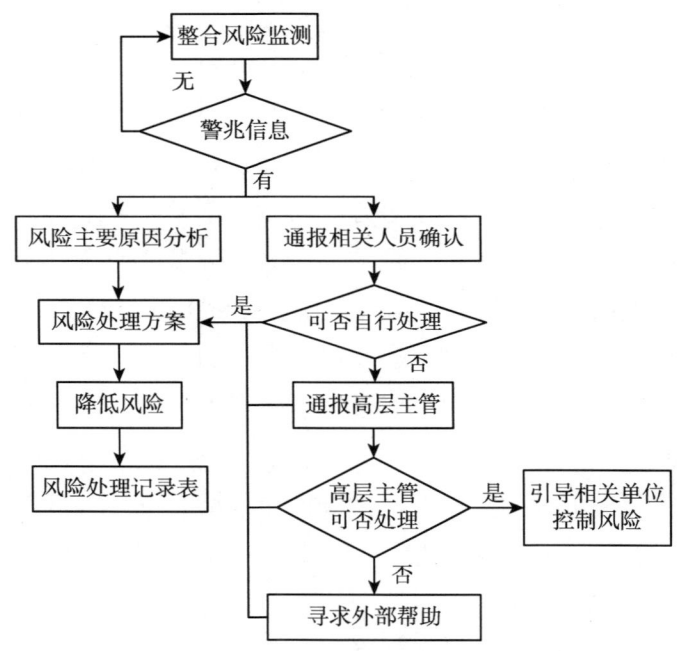

图3–1 风险预警机制运行流程

(一) 整合风险评估

整合风险评估是风险预警机制运行起点,包括整合风险监测和警兆信息两部分。

1. 整合风险监测。风险预警执行部门对各项指标进行监测,确定其是否超过临界值或警戒线,发现是否有风险存在。整合风险的监测需要大量的信息,只靠传统的人工管理手段已经无法满足需求,应依靠现代化科技手段提高整合风险监测的自动化水平和处理能力,以此来确保整合风险监测的准确性和及时性。

2. 警兆信息。是否被认定为警兆信息取决于整合风险临界值或警戒线的确定，通过整合风险监测获取警兆信息，当指标数值超过警戒线时被认定为警兆信息，并依据超过临界值或警戒线的不同程度划分不同的风险等级；同时，将该警兆信息在第一时间传递给风险预警管理部门，以便警兆信息能够得到及时、有效的处理。

（二）整合风险应对

整合风险应对包括传递信息给相关人员确认、调查分析风险发生的主要原因、整合风险处理方案3个部分。

1. 传递信息给相关人员确认。当风险警报一旦触发，即将该警兆信息传递给风险预警管理部门，由熟悉企业经营管理业务、具有现代化并购管理知识和技术的相关人员进行确认，以便作出正确决策，对整合风险进行快速预防。

2. 调查、分析风险发生的主要原因。由风险预警管理部门对执行部门提交的警兆信息进行分析，对相关部门人员和信息进行调查，通过经验判断或咨询外部企业管理专家，确定风险发生的主要原因，形成风险处理决策的基础。只有明确了整合风险发生的原因，找到风险产生的根源，才能够形成行之有效的整合风险处理方案。整合风险预警并非仅仅是风险预警部门的工作，而是企业全体员工都应尽的责任。当警兆发生时，相关部门的人员可能更清楚风险发生的原因。一方面，风险预警管理部门要与组织内部的员工交流沟通，尽快找到原因；另一方面，若组织内部员工了解风险的主要成因，则应及时向预警部门反映情况，将企业风险降到最低。

3. 整合风险处理方案。一般情况下，风险预警管理部门对警兆信息进行分析之后，将评估报告提交给预警决策部门进行风险决策，立即制定相应的风险规避、风险分散、风险降低和风险转移等处理措施，如启动应急计划、采取补救措施和改进的方案等。其中，启动应急计划主要是针对风险及其可能产生的严重后果采取措施进行规避，控制局面的进一步恶化；采取补救措施通常指的是针对已经发生的情况采取有效措施，尽量减少此事件带来的损失，控制损失的进一步扩大；改进方案指针对海外并购整合中的风险控制薄弱环节，制订改进方案，杜绝和避免类似风险的再次发生。而当风险可能失去控制时，由风险预警管理部门直接作出风险处理决策，将处理决策交由执行部门实施。

（三）控制活动

与风险相关的业务部门或职能部门对本部门风险来源、风险产生的原因及风险的控制更加熟悉，风险相关部门人员应对风险进行初步判断，若能自行处理，则提交处理意见给风险预警管理部门，经批准后加以实施。控制活动是一项由业务或职能部门直接对风险进行处理和控制的过程，使风险防治工作更有效率。

（四）信息沟通

如果产生的风险较为复杂，处理和控制难度较高，相关部门人员不能对风险进行自行处理，则应当报送高层主管部门。主管部门接到报送后，若能处理的则直接由相关部门处理，对于无法处理的则从外部寻找专业人员或第三方中介机构协助。

（五）监督

监督是指由风险预警执行部门对由预警管理部门或决策部门作出的风险处理决策进行监督的过程，确保按要求进行和对处理结果信息及时进行反馈，包括相关部门主管确认风险处理情况、填报风险处理相关资料等。

1. 相关部门主管确认风险处理情况。通过风险处理决策的执行，若达到风险减缓或降低的目的，则相关部门主管要进一步确认警报已经解除。

2. 填报风险处理相关资料。通过设计填写风险预警处理记录表，进行风险解除确认工作。以书面形式对风险预警处理记录进行保存，当类似风险再次发生时，可参考记录表加以解决，不必将前述流程重复，程序得到简化，也节约了企业成本；同时，记录表也可提醒相关部门如何做好类似风险的预防工作。

第三节　海外并购整合风险预警机制的作用机理

一、整合风险要素

风险事件的发生是风险因素积累到一定程度的爆发，由于须经一定的路径传导，会使得风险的发生需要时间，并在风险事件发生前有一定的征兆，由此，给风险预警提供了可能。风险事件、风险因素、风险征兆等是整合风险要素的重要组成，整合风险预警机制正是通过整合风险预警机制内部要素间相互影响、相互作用来实现风险预警和风险防范的目的，分析整合风险预警机制的作用机理首先须对整合风险要素有所了解。

（一）风险源

风险源是引发风险的最初的起因，是一种风险的客观存在。整合风险传导的产生是由于在企业外部环境和内部系统中一些不确定性因素的客观存在，影响着并购整合的正常实施，导致整合的实际目标与预期目标出现偏差的可能性。要明确风险源的辨识范围，在海外并购整合中，风险源就是这些不确定性因素，主要是企业的外部环境和内部系统中的未预料的一些可能变化。在企业海外并购中，外部的政治法律环境、社会经济环境，以及内部的企业规模、各项资源要素状况等，这些对整合不利的一些客观因素，是海外并购整合风险的风险源。

（二）风险因素

风险因素是指促使或引起风险事故发生，增加损失发生概率和损失程度的条件，是环境和系统发生非预期变化的一切因素集合。风险因素是风险事故发生的潜在原因，是造成损失问题的内在原因。

根据风险因素的性质，可将其分为3种：物理风险因素、道德风险因素和心理风险因素。物理风险因素系有形因素，只能直接影响某事物的物理性质，如施工过程中的建筑材料的质量缺陷和施工设计缺陷会直接影响整栋大楼的结构和性能，可能在发生火灾时会出现人员很难疏散、不利于组织灭火等风险，是导致人员伤亡、火灾损失扩大的重要风险因素。道德风险因素系无形因素，与人的修养和品质有关，如企业的最高管理层出于个人动机实施海外并购等。心理风险因素，也是一种无形的因素，它与人的心理状态有关，如对整合工作的不重视，从而在整合实施前并未对整合进行详细规划。

风险因素不但会触发风险事故，还会促使损失增加、扩大。例如，在海外并购整合过程中由于文化差异，会使双方在沟通、管理理念等方面产生冲突，并购方管理人员若缺乏文化管理能力，或对文化整合工作不重视，未采取文化交流培训、加强沟通等相应措施，会使矛盾产生，甚至扩大。总之，管理人员的文化管理能力、对文化整合的重视程度等构成了风险因素。

（三）风险事件

风险事件又称风险事故，是指引起损失的直接或外在的原因，是使风险造成损失的可能性转化为现实的媒介，即风险是通过风险事故的发生而使潜在的危险转化为现实的损失。风险事件以突发事件的形式加以表现，使风险从风险源中溢出，形成风险流进行传导，给企业的生产运营带来可能的损失。例如，由于薪酬设计不当使得大量关键人员离职，则薪酬设计就是风险因素，而关键人员离职是风险事件，直接导致人力资源整合风险，重要的工作无合适的人胜任，关键技术无法获取，甚至企业正常的生产经营都受到影响。

（四）风险流

由于风险事件触发企业外部环境和企业内部系统的存在状态发生变化，导致风险源迸发出一种风险能量，即风险流。当内外部系统处于均衡状态时，风险源也处于理想状态，当均衡状态一旦被打破，风险源的理想状态发生偏离，爆发出风险流。风险流依附风险载体，在各风险节点之间进行传递，形成动态风险，并通过各节点间的相互作用会将风险进一步放大。

（五）风险表征

风险表征是风险的表现形式。当风险事件发生以后，风险会以一定的形式表现出来。例如，并购方拟实现成本协同效应，首先宣布裁员计划，但并未做好相应的配套补偿措施及安抚计划，导致员工与管理层间冲突不断。这些冲突就是风险事件，员工工作效率低下、产品质量下降等即为风险表征。

（六）风险子系统

风险子系统的形成实质上是风险源受到风险事件的触发，衍生出动态风险流并与各功能节点相结合所导致的，是导致风险结果的直接原因。因此，将对风险事件的分析与风险子系统的分析结合在一起进行。风险流在企业系统中流动、传导，经过一定的传导时间，沿着一定的传导路径到达企业系统的各业务流程和功能节点，并与各功能节点性质相结合，形成不同性质属性的风险子系统。每个功能节点代表了企业对于某种属性风险的反应和作用能力，与风险流中不同性质的风险相互对应。企业风险传导大系统中各风险子系统的性质是由初始传导的风险流性质与风险流所结合功能节点性质之间的相互作用决定的。企业海外并购整合风险子系统分为战略整合风险、文化整合风险、组织整合风险、人力资源整合风险、财务整合风险和业务流程整合风险。

（七）损失

损失是指非正常的、非预期的经济价值减少，通常以货币衡量，必须同时满足"非预期"和"经济价值减少"两个条件才能称其为损失。如固定资产的折旧，它满足了"经济价值减少"这个条件，但由于它是有计划的和预期可知的经济价值的减少，因此，不满足损失的所有条件，故不能称其为损失。损失可分为直接损失和间接损失两种。直接损失也可理解为实质性的损失，间接损失则包括额外费用损失、收入损失和责任损失3种。例如，企业因工人罢工和冲突导致企业财产受损就属于直接损失。额外费用损失是指因企业形象受损导致的销售额下降；收入损失是指由于无法生产产品而减少的利润；责任损失是指由于无法正常生产，不能履行供货合同而造成违约，依法应负的赔偿责任，如违约金或罚款等。

（八）风险传导中的耦合效应

在企业风险传导过程中，由于企业各流程和功能节点彼此之间存在着功能关联和利益关联关系，加上不同风险性质的匹配关系，从而导致各风险子系统会在风险传导过程中相互影响、相互作用，最终改变着传导中企业风险的风险流量和风险性质，把它称为风险传导中的耦合效应。例如，文化整合风险会导致员工的心态出现对整合不利的状况，会对组织运行产生影响，表现为组织效率低下、顾客满意度下降等其他整合风险，使风险进一步扩大。如果只是孤立、分散地识别和度量单个风险，其结果是出现大量、紊乱的风险预警信号，不利于做出正确的风险决策。在整合风险要素中要尤其关注风险传导中的耦合效应，风险子系统的相互作用会进一步加大风险，导致更加严重的风险后果。

二、整合风险预警机制的作用机理

根据哈顿博士（W. Haddon）的能量释放理论，无论是人或者财产，都可以被看成有一定结构的物体，在其能承受的极限内可维持物体的完整，当外界给出的压力超过这个极限时，事故就会发生。外界的压力超过物体能承受的极限就是能量失控和能量释放的过程。能量释放理论解释了事故的发生是由能量失控引发的，只要找到风险源转化为事故的条件并加以控制，就能防止事故的发生。整合风险的产生也是这个道理。整合风险源中包含着风险因素，当风险因素的能量超过了风险源能承载的极限时会触发风险事件，产生风险流并沿一定路径进行传导，引发更大的风险（具体逻辑关系见图3-2）。简单而言，就是风险因素引发或增加风险事故，风险事故则导致损失的可能，而这种具有不确定性的损失就构成风险。

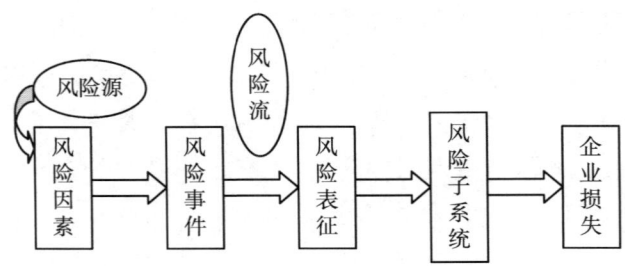

图 3 – 2　风险传导的作用机理

要实现整合风险预警，应先感知风险，再通过风险传导的路径反向分析，找到风险因素，进一步发现风险源。只要找到产生风险的原因，采取相应措施，可起到防范风险或降低风险的作用。海外并购整合风险传导和风险预警路径的关系见图 3 – 3。

风险预警机制的运行路径是在风险传导路径的基础上反向分析，追根溯源，找到风险源和风险因素，通过控制风险因素将可能的风险消除在萌芽状态，避免风险事件发生引发的严重后果。从图 3 – 3 可看出，风险预警机制是通过对风险传导路径产生作用从而达到风险防控的目的。

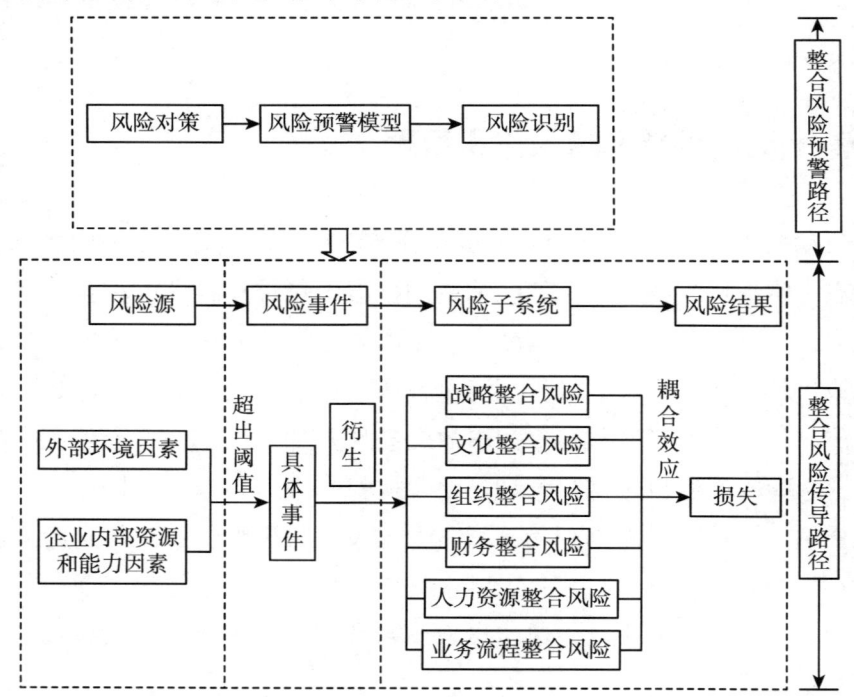

图 3 – 3　整合风险传导与预警机制路径

整合风险预警机制的作用机理是风险预警基本框架的动态化，是运行各步骤间的逻辑关系的集合，具体表现在以下方面：

第一，确定整合风险的识别、整合风险预警、整合风险对策的逻辑层次。通过整合风险识别，发现关键整合风险和风险因素，在此基础上建立风险指标体系，若指标的风险值超过临界值或警戒线则出现警兆，对警兆信息进行分析，寻找产生的原因并采取相应的整合风险对策，并将风险识别、预警和应对有关的实际信息反馈给风险管理部门，风险管理部门根据反馈调整整合风险指标和风险值信息，形成新的预警循环。风险识别、风险预警和风险对策是通过这种逻辑层次形成风险预警机制，并产生作用。

第二，通过监控风险预警指标，防止风险流溢出。预警指标是可衡量的风险因素，可通过将指标的风险值控制在一定范围内，实际就是控制风险源转化为风险的条件，限制风险流的溢出，从而防止风险事件的发生。整合风险主要来源于外部环境和企业内部的资源和能力，通过多掌握相关信息才能更准确地确定风险强度，若是出现高风险，则应立即停止相关工作，找到应对措施，防止引发风险事件。例如，监控发现文化整合过程中的冲突不断，人员冲突率指标处于较高风险水平，此时，就应及时了解具体情况，采取措施处理，若任其发展，会演变为罢工事件，影响企业正常经营。同时，罢工事件本身会损坏企业形象，影响产品销售。

第三，通过抓住主要风险，防止风险范围进一步扩大。海外并购整合风险包含战略整合风险、文化整合风险、组织整合风险、财务整合风险、人力资源整合风险和业务流程整合风险等6项关键风险，这些风险的存在以及相互间的耦合效应导致企业海外并购整合风险加大，给企业造成损失。例如，战略整合是其他整合工作的先导，其他整合工作要服务于战略整合，战略决策或者实施出现问题，会影响财务整合、组织整合等一系列整合工作，通过控制战略整合风险可以防止风险扩散到其他整合风险中去。风险预警机制会针对出现的警兆，将指标置于整体框架内考虑相互间的联动关系，通过找到关键风险源来选择应对策略，防止风险进一步扩大。

第四节　海外并购整合风险预警机制的实施保障

风险预警机制的实施是一项系统性的工作，需要落实于企业的各个部门。海外并购整合风险涉及企业的战略、组织、文化等多个层面，涵盖的范围较广，而且风险是在不断动态发生变化的，需要持续运作，反复运行预警系统，才能有效实现预警目标。应明确风险预警系统的实施程序是实施预警的基础；同时，风险预警工作离不开高效的工作效率，需要相关人员的配合、信息系统的支持、信息的收集和有效的传递。综合来看，风险组织机制、风险信息收集和传递机制、风险责任机制和风险处理机制是风险预警机制正常运转的必要条件。同时，培养风险预警文化是促进风险预警有效运行的重要保证。

一、整合风险组织机制

风险组织机制一般有两种模式。一种模式是构建独立的预警组织机构，专门负责风险预警工作。机构成员由高级管理人员牵头，具体由企业内部熟悉业务的管理人员构成。同时，由于风险预警涉及一些专业性分析和判断，需要聘请外部风险管理专家。预警组织机构单独运行，不影响企业的正常工作，只须相关部门配合即可，主要对最高管理者负责。另一种模式是预警组织机构的日常工作交由相关部门执行，再安排一个风险预警部门集中处理额外事项。鉴于并购整合风险对于企业战略实行的重要性，应专门建立预警组织机构负责风险预警工作。

预警管理机制有效发挥预警功能依赖于专业、高效的组织。风险预警管理系统进入企业，必然要构成企业组织结构的一部分，对原有的组织结构进行重新组合。通过组织结构设计将预警功能植入组织，使预警组织系统成为组织中的一个重要组成部分。海外并购整合风险是企业风险中的一个模块，但必须自成系统，单独进行系统内循环，实现预警功能。从海外并购整合风险预警的功能来看，预警组织机构一般由预警决策部门、预警管理部门和预警执行部门组成，具有决策、管理和执行的功能。

二、整合风险信息收集和传递机制

风险信息的收集和传递是风险预警实现的重要基础,影响风险预警决策的准确度。信息收集内容广泛,涉及外部宏观环境、供应商、顾客变化,还包含内部资源要素、组织管理等信息,需要支付时间和资源成本,收集信息成本过高不但带来经济负担,还会影响预警效率。建立、健全风险传递机制决定着信息收集手段的有效性和成本的高低。

无论是高级管理团队对企业员工进行风险知识和意识的传递、引导,还是构建风险管理氛围,通过风险责任划分强调风险等方式构建企业风险管理文化,其中起关键作用的是信息流动。风险信息收集和传递机制的形成是信息有效流动的基础,可以将风险预警知识和风险信息作为信息资源,通过信息传递机制在企业成员间传递,让企业成员掌握风险预警知识和相关部门的风险状况,不但能降低整合风险发生的可能性,同时,还可加强风险预警信息的流动和共享,是风险预警机制实现的重要基础。

三、整合风险责任机制

风险预警工作需要由企业的成员具体实现,若缺乏风险责任机制,风险预警很难正常运转。企业建立风险责任机制,由企业负责人总体负责风险管理,将风险责任落实到相关部门和人员,保证一旦出现问题,能及时找到责任人予以奖惩,提高责任人在风险预警工作方面的责任心和重视程度,严格按风险预警程序执行。

风险预警作为企业全面风险管理的一部分,风险责任机制应统一设计和安排。公司董事会作为企业经营决策的最高权力机构,也应是全面风险管理的最高决策机构,对全面风险管理是否有效负责。董事会下面设立风险管理委员会,负责全面了解企业的风险及相应的管理现状,监督风险管理体系的有效运行。而全面风险管理的责任则具体由公司经营层来负责履行,应注意任命一名高级管理人员专门负责风险管理工作,其不得兼管生产、销售等业务管理工作,否则不利于责任划分。还应设立专门的风险管理部门,独立于其他职能部门单独存在。

四、整合风险处理机制

风险预警机制的目标是发现风险预兆,并及时采取措施化解风险。落后的风险处理机制会延误化解风险的最佳时机,风险预警机制要做到有效预知海外并购中可能发生的整合风险,并提前进行防范,离不开并购整合风险的信息管理系统。信息管理系统的功能是收集和传递可能产生风险的各种信息,通过对风险进行侦测,发现警兆,并对警兆信息进行分析,形成风险报告。信息管理系统主要包括信息收集系统、风险分析系统和风险报告生成系统。风险信息管理系统的构建使风险预警机制的及时性、准确性和有效性得到保证。

五、整合风险预警文化培育机制

风险预警文化是指在企业内部形成统一的风险预警语言,通过相关目标、政策、制度使项目成员明确海外并购中风险预警的态度、目标及应对原则等,使企业所有成员都有着管理自己工作范围内的风险预警活动的意识,并主动增强相关技能。当某项风险的警兆信息出现时,企业所有成员都认为有义务根据自身的能力和经验做出决策判断,并将意见反馈给风险管理部门。

风险预警文化培育机制的构建途径应从培养海外并购整合风险预警的文化环境着手,主要通过增强高级管理人员的风险意识、构造风险意识氛围和调整组织机构等方式实现。

第四章 海外并购整合风险预警机制实证研究

第一节 海外并购整合风险要素细分与识别

一、海外并购整合风险分类

从六分法的分类来看，组织整合风险可分为战略整合风险、文化整合风险、组织整合风险、人力资源整合风险、财务整合风险和业务整合风险6个方面。其中，战略整合风险、文化整合风险和人力资源整合风险最为关键，整合的价值来源于协同效应的实现，有效的组织整合能保证战略被顺利和有效率地实施，业务流程整合使双方优势互补，是实现协同效应的重要来源，财务整合是保证企业正常运转的关键。

（一）战略整合风险

战略整合风险指的是海外并购之后对于资源的整合或战略整合的条件不具备而对整合产生的不利影响。在海外并购过程中，由于公司规模、地域及对未来的定位差异，必将导致并购双方在资源整合方面存在或多或少的问题。而在海外并购后的战略整合风险又可分为决策层和执行层两方面，前者决定了并购后的企业未来目标的确定是否明确、方向是否正确，后者则重在是否根据决策目标及发展方向确定切实可行的公司战略发展的具体规划，大多数公司战略的失败都归结于战略执行不利，所以，公司战略整合风险的识别及应对将为并购后公司的可持续发展奠定重要基础。

（二）文化整合风险

文化整合风险是指在海外并购中不同国家、不同地域的企业在管理风格、文化理念、组织结构、沟通交流等方面的差异，对并购后的整合和融合产生不利的影响。从企业外部和内部对海外经营的文化风险加以细分，外部的文化风险包括两部分：第一，市场营销方面与消费者的文化差异风险；第二，与市场合作者的文化差异风险。而内部的文化风险主要包括不同文化的雇员间存在的文化差异，文化风险产生的原因在于沟通障碍、商务惯例禁忌差异、管理风格差异和种族优越感。

（三）组织整合风险

组织整合风险主要集中于对组织结构及管理制度调整或重构过程中出现的不匹配现象，进而导致并购后公司组织结构及管理上的不协调。组织结构的科学合理性在海外并购中至关重要，传统的组织结构已无法适应海外并购市场的特点，而组织结构的重建与公司战略、员工需求等都具有相匹配的重要关系，如何对这些组织结构匹配项进行整合，进而最大限度降低组织结构整合风险是公司应该重点关注的方面。与此同时，并购后对管理制度的重新规范，将统一不同地域、文化差异性带来的工作差异风险，最大限度地降低沟通与信息成本，达到管理上的协同效应。

（四）人力资源整合风险

人力资源整合包含人事控制权转移、人事结构、薪酬和人事制度等一系列工作的调整。人力资源整合的任务是：建立有效的激励机制，留住企业的关键员工；缓解、消除并购给员工带来的心理压力，减少消极行为的出现；通过沟通增进相互了解，促进知识在组织内部的转移，并减少双方冲突的可能性；平衡双方的监督、激励政策，讲究公平，充分促进人力资源潜力的发挥。在完成人力资源整合的任务过程中会出现选人不当、关键人员流失、裁人和协作困难等风险。首先，关键技术人员留用关乎并购后对技术的获取，由于信息不对称会使选用人才结果存在误差，将不合适的人员当重点对象留用，产生选人不当风险，造成冗员、招聘成本上升、工作效率较低等不良后果；其次，裁员、降成本所带来的员工利益受损必然导致企业无法正常运营，甚至带来大规模的离职或罢工危机；最后，从分工协作角度来看，企业各部门间及团队内部的人员不配合，也会制约整体工作的进展。

（五）财务整合风险

首先，存在整合期间的财务整合风险。第一，财务管理目标及组织整合风险。一般情况下，从理论上来看，企业价值最大化应为最合理的目标。然而，不同企业由于经营理念不同、经济环境差异和法律政策的限制等因素，具体的财务管理目标差异较大。一项以美国等国家 87 个企业为样本的调查证实了这一结论（具体见表 4 – 1）。企业首先须根据自身情况制定适合集团战略的财务管理目标，若无法实现财务管理目标统一化，会影响财务的一体化运营、财务决策和财务行为的规范化；同时，并购双方的财务人员也会因缺乏一个统一的理财观念，无法做出有利于整个企业的合理的职业判断。由于公司内部各层级间也会存在不同的财务目标与行为，故财务管理组织模式需要进一步协调，避免相关的财务整合风险。第二，资产整合风险。资产整合包含资产的出售、托管、回购、外包等，并购后如果资产不能有效利用和处置，就会影响资产使用效率甚至影响原有资产的正常运行。第三，债务整合风险。通过债转股等方式将负债率降低到企业可承受的范围，负债整合的失误会使企业出现债务危机，影响企业的内部运转和外部声誉。第四，理财活动整合风险。在并购整合期间，由于理财活动的影响，使企业实际的财务收益未达到预期水平，从而使企业遭受损失。在宏观经济环境多变、企业内部财务活动的管理失误及管理水平欠缺等综合因素的作用下，会出现理财的结果不符合预期，导致财务危机。

表 4 – 1　　　　　　　　　　财务管理目标差异

企业所属国别	企业财务管理目标
美国	每股收益最大化
挪威	收益平均化
欧洲部分国家	税后收益及其增长最大化，不倾向于股东财富最大化
日本	从股东资本的利益出发，旨在提高企业价值
中国	企业价值最大化

其次，并购的引致风险也不容小觑。第一，融资后续风险。海外并购中不合理的融资结构会造成两大不利影响：（1）较高的资本成本给企业带来严重的财务负担。（2）若债务比例过高，企业整合期的还本压力很大，会产生无法到期归还债务的风险；若股权比例过高，并购方的控制权受到影响，不但不利于并购方实施战略，还可能遭遇被并购。此外，我国企业海外并购中现金支付方式的使用使得汇率变动也是导致融资风险发生的原因之一。

第二，资金使用结构风险。并购资金的支付并非是同时发生，须事先列明使用计划并分步执行。资金是有时间成本的，在时间上未合理安排资金分配会造成巨大的浪费，增加企业负担。与此同时，企业做并购决策时不但应考虑自身能承受的并购资金总量，还要注意各项支付的合理比例，避免出现超出资金承受能力的严重后果。

第三，定价风险。并购方支付价格的高低决定了企业价值是否增值。公司为并购承担的成本要考虑三个方面的因素：（1）目标公司的独立价值；（2）并购整合可能产生的协同效应；（3）并购方为取得目标企业的控制权而愿意支付的价格。当并购支付价格包含后两者时，企业的整合所带来的价值增值程度都会越来越小。

（六）业务流程整合风险

业务流程整合风险是指海外并购未产生规模经济、未产生预期协同效应的风险，应根据企业并购交易的特点确定适合的模式，业务流程整合模式选择不合理会导致关键业务流程整合出现问题。例如，出现研发资源整合风险、产品生产整合风险和采购和销售整合风险。首先，研发资源整合风险主要表现为两个方面：第一，技术移交障碍，会促使目标企业的技术人员鉴于专利技术的利用问题无法与并购方充分交流技术，使技术转移无法顺利完成；第二，技术整合障碍。双方技术人员的技术理念、对研发的资金配置等的差异都可能造成双方技术管理理念的冲突，也会影响技术的进一步使用，无法实现技术协同效应。其次，对于追求规模经济效益的企业而言，生产整合至关重要，我国企业海外并购的一些企业中，尽管产品具有相似性，但在技术领先程度、员工技术素质、生产设备等方面远高于我国企业，操作难度较大，很难实现生产整合目标。最后，我国企业海外并购除了为获取知名品牌、先进技术之外，扩大采购和销售渠道也是重要原因。并购双方通过采购和销售渠道的整合，一些资源得到共享，可降低采购成本和重新建立销售渠道的成本，增强企业整体的市场影响力，从而增加产品的市场份额。然而，在我国企业海外并购中，采购和销售整合并不顺利。

二、海外并购整合风险识别

（一）整合风险识别程序

整合风险要遵循系统、完整及重要性原则，因为整合风险识别是个复杂的过程，而且不是一次性活动，在整合风险预警整个系统中要定期进行风险识别，不断调整发现和总结。要做好海外并购整合风险识别工作，必须先认识风险识别的一般程序。

如图4-1所示，风险识别一般要经历的程序包括收集资料、分析不确定性、确定项目风险事件并分类和编制风险识别报告。风险识别程序中的每一个环节都分析了导致损失的各项风险，并进行筛选、监测和诊断，最终确定关键风险。

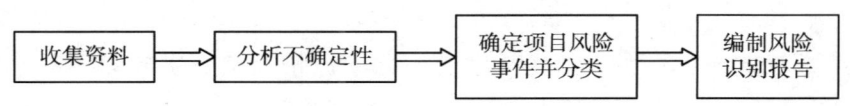

图4-1　海外并购整合风险识别流程

首先，海外并购主要经历3个阶段：并购决策阶段、并购交易阶段和并购整合阶段。做任何决策均须在充分掌握信息的基础上进行，海外并购整合也是如此。目标企业的确定是根据并购方的战略目标做出的选择，确定目标之后首先要做的就是了解目标企业的具体情况，发现阻碍并购整合的相关风险和影响因素，这一过程主要是通过边和对方谈判边进行尽职调查来完成的。收集资料主要从宏观、中观和微观3个层次着手：其一，在企业面临的宏观环境中，一些对企业海外并购产生影响的政治、经济、法律环境等的不利变化；其二，企业相关行业的竞争情况，包括技术更新状况、市场需求变化等；其三，从企业角度分析，例如，海外并购与企业战略的匹配情况，内部资源的变化是否适应战略要求，等等。其次，根据收集的资料，进行风险形式预测，初步建立风险清单。再次，确定项目风险事件并分类，对风险清单中的风险进行判断，通过是否有征兆进行鉴别，筛选风险。然后，针对筛选出的风险进行风险因素分析，并仔细检查。最后，编制风险识别报告，分析关键风险的来源，用归类或分解的方法重新组合，对风险进行分类，编制风险识别报告。

（二）整合风险识别方法

笔者拟从大量文献中整理、总结出的整合风险分类出发，具体分析各项风险的风险源和风险因素，作为风险预警分析的基础。风险识别是一件异常复杂、烦琐的工作，须采用一些方法协助进行。常用的方法有：专家调查法、工作风险分解法、情景分析法、故障树分析法、财务报表分析法及事件树分析法等。

1. 专家调查法。"专家调查法"就是通过向专家咨询，整理出项目风险的主要影响因素，编制项目风险影响因素调查表，再由专家对各项因素出现的可能性和出现后对项目的影响程度进行估计，得到各项风险影响因素的概率分布和对项目造成的影响。"专家调查法"主要包括"头脑风暴法"和"德尔菲法"。"头脑风暴法"形式较为简单，一般找几个专家以开会的形式，充分发表个人意见，提出尽可能多的想法。"德尔菲法"于1946年由美国的兰德公司创始实行，该方法稍复杂些，但更为可靠，实质是一种反馈匿名专家函询的方法，基本流程为"匿名征求专家意见、归纳与统计、匿名反馈、归纳与统计……"反复经过若干次后停止。一般将被调查专家分为两类，一类是从事过项目风险管理的管理人员和技术人员，另一类是从事过与该项目相关领域研究的学者，不进行横向联系，只与调查人员沟通交流，经过反复咨询修改，最后得出预测结果。

2. 工作—风险分解法。"工作—风险分解法"（WBS – RBS法）是将工作分解，形成WBS树，同时，将风险分解成RBS树的形式，通过将工作分解树和风险分解树进行交叉，形成了WBS – RBS矩阵，进行风险识别。从该方法的定义中可以发现，主要有3个关键组成部分：第一，工作分解；第二，风险分解；第三，通过WBS – RBS矩阵分析风险的存在。矩阵形式具体见图4 – 2。

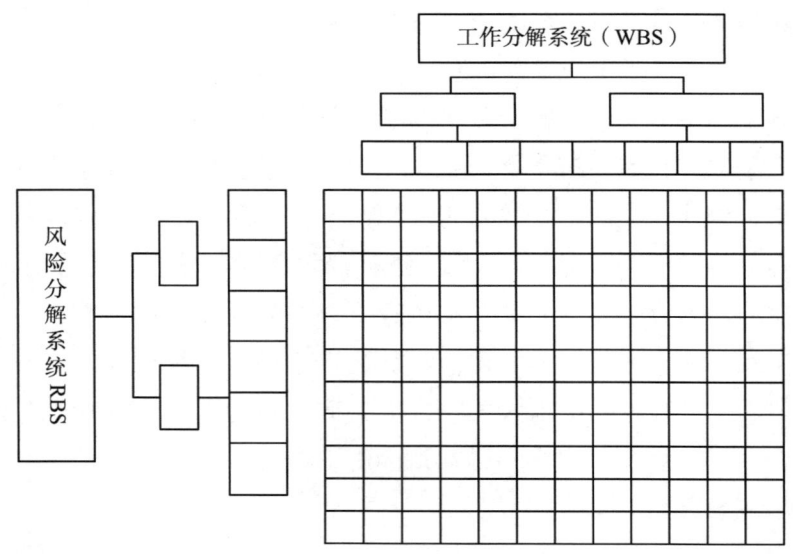

图4 – 2　WBS – RBS矩阵

使用"WBS – RBS法"识别并购整合风险需要解决以下两个基本的问题：一要判断风险是否存在；二要判断风险因素向风险事件和风险事故转化的条件。需要按照构建的WBS – RBS矩阵来判断是否存在风险和风险转化条件。使用"WBS – RBS法"识别并购整合风险时，有以下5个步骤：一是确定风险识别的对象和范围；二是进行工作分解，形成工作分解数；三是进行风险分解，形成风险分解树；四是构建风险辨识矩阵；五是判断风险是否存在以及风险转化条件。使用"WBS – RBS 法"进行并购整合风险辨识有其突出优势：一方面，该方法符合风险识别的系统原则，因为该方法将各项工作层层分解形成"工作树"，不容易漏掉可能的风险源。另一方面，该方法满足了风险识别的权衡原则，因为在形成"工作树"的过程中能够估计各项工作的相对权重，使得风险识别有所侧重；另外，该方法使风险识别过程更加细化，接近量化分析模式。

3. 情景分析法。"情景分析法"（Scenario Analysis）是利用相关的数字、图表和曲线等，对未来某个状态做出描绘、分析，借以发现导致风险产生的一些关键影响因素及影响程度的一种风险识别方法。"情景分析法"从 20 世纪 70 年代开始在国外有着广泛应用，衍生了诸如"目标展开法""未来分析法"及"空隙填补法"等具体方法，一些大型公司运用该方法进行风险预测与识别。"情景分析法"通过构造不同的场景，然后找出从现在到未来可能出现的各种场景所必须经历的关键事件，从而识别风险。"情景分析法"对于风险预警也有所帮助。通过监视未来各种情景中的风险出现的征兆和路径，确定搜集风险的战略，然后进行跟踪监视，可提前警示风险。

4. 故障树分析法。"故障树分析法"（Fault Tree Analysis，简称 FTA）主要是以树状图的形式来分析风险事件，揭示风险因素的产生过程和可能发生的风险事件。具体来看，一般采用演绎的方法来编制"故障树"。把主要事件放在第一层，第二层是导致主要事件发生的直接原因，第三层则是导致第二层事件发生的所有直接原因。如此一层层往下演绎，直到找到最基本的原因为止。

5. 财务报表分析法。"财务报表分析法"是指采用一定的标准，以企业财务报表资料为分析依据，通过对企业的财务指标的实际值与目标值进行比对，以此来辨析潜在的风险，即"财务报表分析法"主要是通过对企业的主要财务报表的分析，从财务的角度发现风险的一种方法。其分析的内容主要涉及三个部分：第一，资本结构和资金分布的分析。第二，财务报表的趋势分析。可通过分析判断未来的趋势，从而对可能的结果做出预测。第三，财务报表的比率分析。通过财务指标的分析，可对企业的盈利能力、偿债能力和发展能力等做出基本判断。使用"财务报表分析法"需要设置风险临界值，临界值没有固定的标准，依据企业所处的行业及面临的内外部环境的不同而有所不同，如果实际值超过这个临界值，则表示企业经营及财务管理存在隐患，据此判断风险因素。

6. 事件树分析法。"事件树分析法"（Event Tree Analysis，简称 ETA）是将风险事故的发展过程从最初的原因到最终结果所经历的每一个环节都分为"成功"和"失败"两个分枝,若是成功则记为1,作为上分枝,若是失败则记为0,作为下分枝,然后,再分别从这两个分枝开始,仍按成功记为1和失败记为0的方式进行分枝,如此一直往下分析,直到分到最后结果为止,形成从原因到结果的一张树状图。"事件树分析法"实际上是利用了逻辑思维的规律,分析了事故从起因、发展到结果的整个过程,能将复杂的关系予以简化,并将事件的前因后果都加以系统考虑。

风险的识别并非只能选用一种方法,多种方法的结合使用往往能更好地感知风险。海外并购整合风险的识别采用"专家调查法"和"案例分析法"等相结合的方法进行。邀请海外并购经验丰富的投资机构的专家填写并购整合中的关键风险和影响因素;同时,在阅读大量文献和案例的基础上,对并购的工作流程和可能发生的风险进行对应分析,将有关风险进行归类或分解,据此得到的关键风险和风险因素作为建立风险预警指标的基础。

第二节 海外并购整合风险预警指标体系设计

一、指标体系的设计原则

预警指标是提前警示风险的基础,指标设计的质量是提高预警效果的重要条件。由于海外并购整合风险的复杂性,风险影响因素众多,要准确反映并购整合所面临的风险程度大小,应选用多项指标,若缺乏原则的指引,会出现无效指标,同时会增加风险成本。为提高预警效果,并考虑预警的成本效益状况,设定风险预警原则非常必要。指标体系设计遵循六要素原则,即全面性、客观性、可操作性、开放性、预警性、可比较性,在此基础上进行指标筛选,最终形成适用的指标体系。

(一)全面性

全面性原则要求预警指标体系全面地反映海外并购整合风险。海外并购整合业务更加复杂,面临更多的不确定性,风险易发、多发,风险影响因素分布更加广泛，涵盖并购整合工作的方方面面。并购整合风险预警指标的设计应全面覆盖整合所面临的风险，从战略整合、文化整合、组织整合、人力资源整合、财务整合和业务整合各方面全方位地反映和评估海外并购整合风险，避免遗漏。

（二）客观性

客观性原则要求预警指标体系的设计要真实可靠。并购整合预警指标体系应客观反映并购整合风险，不附加主观人为因素。指标体系对整合风险情况描述将越具体、越明了、越接近于客观事实，指标体系设计就会越有效、越科学。在进行指标选取时要尽量避免选择主观性较强的指标，应运用科学方法和工具对其进行量化；另外，数据采集应真实可靠，排除过多的主观因素。客观性原则还要求指标体系的设计要具有科学性，整合风险预警指标体系内容的设置、一级和二级指标的取舍、整体结构的建设、每层指标权重的确定都要遵循客观性原则，都要有严格的理论和科学论证支持。

（三）可操作性

可操作性原则要求预警指标体系的设计具有可行性。从理论层面出发，预警指标体系设计得越详细、越具体，越能够反映海外并购整合风险情况，但会遇到实际操作不可行的问题，如有的指标很难描述和衡量，有的指标很难获取数据。很显然，选择这些指标进入整合风险预警指标体系会违背可操作性原则。因此，预警指标体系的设计应当充分考虑可操作性和可行性，选择的指标应当是可量化、可获得、易操作的。

（四）开放性

开放性原则要求预警指标体系的设计能够随着企业内外部形式的变化而及时更新、完善。由于海内外的政治、法律、经济、技术、文化、社会等宏观形势不断发生变化，企业所面临的市场环境、行业状况也在不断变动，企业内部的经营管理情况和财务状况也时刻处于动态之中。所以，海外并购整合所面临的风险并非一成不变，其预警指标体系的设计必然要随着企业内外部环境的变化而不断获取并尊重反馈，即遵循开放性原则。

（五）预警性

预警性原则要求预警指标体系的设计能够发挥提前预测、警示风险的作用。预警指标体系要能够灵活、及时地捕捉到并购整合中的风险先兆，提前预测风险形成及演变的过程，以便能够及时采取有效的风险应对举措。所以，在风险真实形成之前，所设计的预警指标体系能够发现风险征兆、传递风险信息，否则,整合风险预警指标体系就会失去其应有之义。

(六)可比较性

可比较性原则要求预警指标体系的设计要统一口径范围和计算方法,以便实现纵向可比与横向可比。纵向可比指的是本企业所处的不同历史时期能够进行比较,横向可比指的是在同一历史时期不同企业之间能够进行比较。并购整合风险预警指标体系设计遵循可比性原则,有助于企业通过对比发现问题,认清目前定位与当前形势。

总而言之,要使以上六要素原则在预警指标体系设计中得到落实,既要以精准的问题为导向、以科学的理论为支撑、以丰富的实践为经验,又要把设计过程与应用结果相结合、把定性描述与定量分析相结合、把指标选取全面性与重要性相统筹。

二、预警指标分析

海外并购整合风险预警指标体系的建立旨在对可能引发风险事件的一些影响因素进行分析,形成可衡量的指标,提前警示可能产生的海外并购整合风险。指标的选取要依据指标的设计原则,通过理论和文献分析,对整合风险影响因素进行分解和归类,建立可予以衡量的指标,整理形成预警基本指标体系(见表4-2)。

表4-2　　　　　　　海外并购整合风险预警指标

风险编号	风险	风险指标编号	风险指标
Z1	战略整合风险	Z101	政治法律环境
		Z102	经济环境
		Z103	技术环境
		Z104	行业竞争者
		Z105	顾客
		Z106	供应商
		Z107	组织要素
		Z108	主体要素
		Z109	资源要素

续表

风险编号	风险	风险指标编号	风险指标
Z2	文化整合风险	Z201	领导者对文化整合的重视程度
		Z202	领导者的文化整合能力
		Z203	领导的沟通能力
		Z204	员工在文化整合中的心态反应
		Z205	员工对高层管理者的信任和认可
		Z206	企业文化势能
		Z207	双方文化类型的匹配程度
		Z208	双方多元文化宽容度
		Z209	跨文化培训和交流
		Z210	文化整合模式的选择
Z3	组织整合风险	Z301	对外部环境的认知能力
		Z302	管理团队配合默契程度
		Z303	组织设计人员的专业能力
		Z304	组织技术的复杂性
		Z305	组织要素间的协调性
		Z306	信息技术设备的配备
Z4	人力资源整合风险	Z401	人员主动离职率
		Z402	薪酬与绩效挂钩程度
		Z403	薪酬竞争力度
		Z404	管理层和员工满意度
		Z405	绩效工资认可度
		Z406	薪酬公平性
		Z407	薪酬与员工需求的吻合度
		Z408	人员冲突率
		Z409	关键人才储备情况
		Z410	职业规划覆盖程度
		Z411	职位匹配度
		Z412	员工工作完成率
		Z413	人员相对工作负荷率
		Z414	领导者对人力资源整合的重视程度

续表

风险编号	风险	风险指标编号	风险指标
Z5	财务整合风险	Z501	企业财务管理者的决策能力
		Z502	企业快速进行财务政策调整的能力
		Z503	从事信息技术财务人员的素质
		Z504	财务信息管理系统的先进程度
		Z505	企业用于投入信息技术的成本大小
		Z506	财务组织管理能力
		Z507	财务制度的修正能力
		Z508	财务学习能力
		Z509	资产周转率
		Z510	权益负债率
		Z511	债务保障率
Z6	业务流程整合风险	Z601	顾客需求满意度
		Z602	流程效率
		Z603	顾客售后满意度

在6项整合子风险中，战略整合风险、文化整合风险和组织整合风险的形成原因可衡量，直接作为预警指标。人力资源整合风险、财务整合风险和业务流程整合风险的指标需要通过风险因素进行调整。

（一）人力资源整合风险指标

人力资源整合风险的指标需要通过薪酬调整有效性指标、选人、裁员不当指标、海外人才储备指标及人力资源整合计划和有效沟通指标进行调整，最终得到人力资源整合风险指标（见表4-3）。

表4-3　　　　　人力资源整合风险预警指标与影响因素

风险预警指标	风险影响因素
人员主动离职情况	薪酬设计不合理
薪酬与绩效挂钩程度	
薪酬竞争力度	
管理层和员工满意度	管理层和员工对薪酬不满
绩效工资认可度	
薪酬公平性	
薪酬与员工需求的吻合度	

续表

风险预警指标	风险影响因素
人员冲突率	裁员措施不当
关键人才储备情况	海外人才储备不足
职业规划覆盖程度	缺乏职业生涯规划；歧视行为
职位匹配度	选拔人才不当
员工工作完成率	
人员相对工作负荷率	
领导者对人力资源整合的重视程度	人力资源整合计划；有效沟通

(二)财务整合风险指标

1. 定性指标。

(1) 财务决策能力。财务决策能力取决于决策水平、决策方法的科学性、决策者对于外部环境的应变能力等。根据企业财务决策能力的大小,财务决策能力可分为五个层级,从低到高依次为初始级、基本级、规制级、管理级和优化级,每个层级在规模、产权结构都有相应特征,企业可据此判断自身财务决策能力的大小。企业的财务决策依据充分、决策方式科学、程序完善、相关管理规范健全的程度越高,则财务决策能力越强。可用管理者财务决策能力和快速进行财务政策调整的能力来加以衡量。

(2) 财务规划能力。财务规划能力是指企业财务部门计划、预算财务活动和财务关系的能力,也称财务计划能力。财务计划的制订建立在企业财务信息的统计和分析基础上,对信息技术和人员有一定的要求,可添加财务信息处理能力相关指标,包含从事信息技术财务人员的素质、财务信息管理系统的先进程度、企业投入信息技术的成本大小等。

(3) 财务控制能力。财务控制能力是指企业所具有的能通过一定手段影响和控制企业财务行为,以实现企业财务目标的能力,一般通过设计合理的内控制度来实现,可用财务制度的修正能力和财务组织的管理能力来加以衡量。

(4) 财务创新能力。财务创新能力是指财务管理方式的创新能力,包含财务管理观念、财务管理手段、财务目标、财务学习能力等方面的创新。企业财务具有不断创新的能力,才可使企业财务管理能力不断得到增强,可用财务学习能力来加以衡量。财务创新能力越强,适应外部环境变化的能力也越强,财务整合风险越低。

2. 定量指标。用定量指标主要反映财务资源的整合风险状况，资产整合和债务整合风险是重点，可用财务指标资产周转率、权益负债率、债务保障率进行反映。

（1）资产周转率。主要用于衡量企业资产管理和使用效率的财务比率，在此，能反映企业并购整合期间全部资产投入产出过程中的流转速度，是考察全部资产利用效率和管理质量的重要指标。资产周转率数值越高，表示并购整合期间的资产整合效果越好，资产整合带来损失的可能性越小。

（2）权益负债率。权益负债率是所有者权益与负债总额的比值，用于分析企业的资本结构和衡量偿债能力的指标。并购整合的目的是给企业创造价值，权益负债率过高则意味着企业负债过多，融资能力受到限制，发展能力和空间有限；或者是企业行业地位不高，无法多占供应商的货款。权益负债率的合理区间会因企业处于不同行业而有所差别，须根据行业平均值做合理判断和估计。

（3）债务保障率。债务保障率是年度经营活动所产生的现金净流量与全部债务总额的比值，表明企业现金流量对其全部债务偿还的满足程度。财务整合风险随着债务保障率的升高而降低。

综合以上分析，得到财务整合风险预警指标（见表4-4）。

表4-4　　　　　　　　财务整合风险预警指标与影响因素

风险预警指标	风险影响因素
企业财务管理者的决策能力	财务决策能力
企业快速进行财务政策调整的能力	
从事信息技术财务人员的素质	财务规划能力
财务信息管理系统的先进程度	
企业用于投入信息技术的成本大小	
财务组织管理能力	财务控制能力
财务制度的修正能力	
财务学习能力	财务创新能力
资产周转率	资产整合效果
权益负债率	债务整合效果
债务保障率	现金流水平

（三）业务流程整合风险指标

业务流程整合的目标是通过业务流程整合达到向顾客提供满意的产品和服

务，提高企业竞争力，最终提升企业价值的目的。顾客会关心企业产品是否符合自己的使用需要、与同类产品比性价比如何、售后服务是否便捷等，则衡量业务流程整合风险的指标应从流程有效性、流程效率和售后服务3个方面考虑，相应指标为顾客需求满意度、流程效率和售后服务满意度。

业务流程整合风险指标与风险因素的关系见表4-5。这3项预警指标都是风险的反向指标，数值越小表示风险越大，在设计风险预警指标时须用目标值做风险值转换，才能用于风险评价。

表4-5　　　　　业务流程整合风险预警指标与影响因素

风险预警指标	风险影响因素
顾客需求满意度	研发资金不足
业务流程效率（投入产出比）	员工技术素质差异；业务流程效率差异；生产技术差异；信息化水平
售后服务满意度（售后部门获得）	信息化水平

三、指标筛选方法——灰色关联度分析法

"灰色关联度分析法"（Grey Relation Analysis，简称GRA）是根据系统发展的变化趋势统一性程度来确定因素关联度的方法，若两个因素变化趋势具有较高的同步性，那两者关联度较高，反之则相反。"灰色关联度分析法"属于灰色系统理论，对样本数量并无严格要求，样本的形态分布也不须满足典型的分析规律，适用于定性分析，作为预警指标筛选分析方法的首选。

（一）"灰色关联度分析法"的特点

"灰色关联度分析法"具有如下特点：1. 建立的模型属于非函数形式的序列模型。2. 计算简便易行。3. 对样本数量无严格要求。4. 序列数据并不须符合正态分布。5. 适用于定性分析。

（二）"灰色关联度法"的分析流程

在进行灰色关联度分析时，首先确定参考序列，然后比较其他序列与参考序列间的接近程度，求出灰关联度，排出灰关联序。通过灰关联序可判断相关程度高低，从而得到相对重要的风险指标。"灰色关联度法"分析的具体流程如图4-3所示。

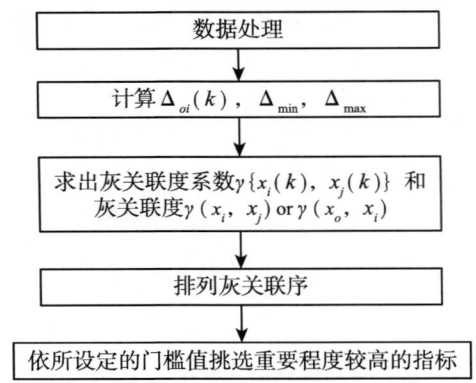

图 4-3 灰关联分析应用流程

1. 数据处理（灰关联生成）。若设 x 为一个灰关联风险因子集，原始序列为 $x_i^{(0)} = \{x_i^{(0)}(1), \cdots, x_i^{(0)}(k)\} \in X$，其中，$i$ 代表预警指标体系中的指标个数，k 代表样本个数。

为达到灰关联分析的目的，首先要做数据处理，这一过程称为灰关联生成。通过做数据处理，将原本较为杂乱的数据凸显其固有的特征，变得有规律可循。一般采用标准化的方式进行数据处理，将其数据化为 0—1 的数值，具有可比较性，并找出中间的规律。本研究采用 5 级李克特量表计分，均为 1—5 的数值，有规律可循，无须进行标准化处理，这一步骤可省去。

2. 计算 $\Delta_{oi}(k)$，$\Delta_{\min}$，$\Delta_{\max}$。分为参考序列和比较序列两组数值，前者为理想序列集，取值均为 1，计算的灰关联度越大（接近于 1）表示越接近理想状态。

两组序列的差值式子为：

$$\Delta_{oi}(k) = \| x_0(k) - x_i(k) \| \tag{4-1}$$

$$\Delta_{\min} = \min_{\forall j \in i} \min_{\forall k} \Delta_{oi}(k) = \min_{\forall j \in i} \min_{\forall k} \| x_0(k) - x_i(k) \| \tag{4-2}$$

$$\Delta_{\max} = \max_{\forall j \in i} \max_{\forall k} \Delta_{oi}(k) = \max_{\forall j \in i} \max_{\forall k} \| x_0(k) - x_i(k) \| \tag{4-3}$$

式中：

x_0 代表参考序列；

x_i 为比较序列；

$\Delta_{0i}(k)$ 为 x_0 及 x_i 两个序列间第 k 个样本差的绝对值；

$\Delta_{\min}$ 为两序列之差的最小值；

$\Delta_{\max}$ 为两序列之差的最大值。

3. 求出灰关联度系数 $\gamma\{x_i(k),x_j(k)\}$ 与灰关联度 $\gamma(x_i,x_j)$。根据参考序列的标准及数量，可以将"灰色关联度法"的计算分为整体及局部。

(1) 整体性灰关联度。参考序列可由任意序列充当，则参考序列 x_i 和比较序列 x_j 在第 k 个样本处的灰关联系数为：

$$\gamma\{x_i(k),x_j(k)\} = \frac{\Delta\min + \xi\Delta\max}{\Delta_{ij}(k) + \xi\Delta\max} \tag{4-4}$$

基于上式，可算出的灰关联度：

$$\gamma(x_i,x_j) = \sum_{k=1}^{m}\beta_k\gamma\{x_i(k),x_j(k)\} \tag{4-5}$$

式中：

β_k 为灰关联系数权数，即 $\beta_k = \frac{1}{m}$，$k = 1, 2, \cdots, m$。

(2) 局部性灰关联度。参考序列有且仅有一个序列，则灰关联度系数为：

$$\gamma\{x_0(k),x_i(k)\} = \frac{\Delta\min + \xi\Delta\max}{\Delta_{0i}(k) + \xi\Delta\max} \tag{4-6}$$

式中：

$x_0(k)$ 为表示主参考序列；

$x_i(k)$ 为表示特定的比较序列；

ξ 为代表分辨系数，$0 < \xi < 1$；

i 为代表因子个数，$i = 1, \cdots, m$；

k 为代表样本个数，$k = 1, \cdots, n$。

分辨系数 ξ 的主要功能用于减弱 $\Delta\max$ 的影响。根据 Wen and W_μ 的模糊理论分析，一般设 $\xi = 0.5$。

由于指标筛选数据由专家打分产生，故仅能以此分值作为参考序列，所以计算的是局部性灰关联度。

(3) 排出灰关联序。灰关联度表现了比较序列与参考序列间的关联程度，数值越大表示关联度越高，通过将灰关联度从大到小进行顺序排序，可得到指标的重要程度，是进行指标取舍的重要依据。

假设参考序列为：$x_0(k) = \{x_0(1),x_0(2),\cdots,x_0(n)\}$

比较序列为：$x_i(k) = \{x_i(1),x_i(2),\cdots,x_i(n)\}$

其中：$i = 1, 2, \cdots, m$

当 $\gamma(x_0,x_i) \geq \gamma(x_0,x_j)$ 时，表示序列 $x_i(k)$ 相对于参考序列 $x_0(k)$ 的灰关联

度大于 $x_j(k)$ 相对于 $x_0(k)$ 的灰关联度，则 $x_i(k)$ 与 $x_0(k)$ 的相似性更高。灰关联度是灰关联系数的加权平均值，因此，比较序列越接近参考序列，灰关联度就越接近 1。

第三节　海外并购整合风险预警指标综合评估模型

一、并购整合风险预警模型评价

目前较为常用的风险预警模型为"层次分析法"（AHP 法）、"模糊综合评价法""蒙特卡罗法""人工神经网络""因子分析法"及"Logistic 回归分析法"。通过比较分析发现，每种模型都有其独特的优势，但有些模型大样本数量要求，以及自变量的独立性要求给其应用带来局限。具体比较分析见表 4-6。

表 4-6　　　　　　　　　风险预警模型比较分析

预警方法	适用范围	特点	局限性
AHP 法	主要用于多指标、多因素或多方案的综合评价及趋势预测，但只限于研究问题的高低层次间存在关系，同一层次间不存在相互影响的项目	采用"两两比较法"对方案进行评价，有助于提高准确度；得到结果后，还可对评判过程的合理性进行辨别	该方法权重由专家主观确定，由于人的经验、知识水平的局限性，对判断结果的可靠程度有所影响
模糊综合评价法	适用于变量边界模糊，很难定义，而且很难用语言描述的风险或方案评价	能对定性指标进行定量分析；得到的结果并非唯一，可分多个层次进行分析	无法解决评价指标间由于相关性造成的数据重复问题
蒙特卡罗法	用于计算过于复杂，而且很难得到解析的项目	简单，快速，能解决变量的不确定带来的复杂问题	要求的数据信息较多；要求各输入变量相互独立

续表

预警方法	适用范围	特点	局限性
人工神经网络	适用于有着大量样本数据的项目	模拟人脑网络进行训练，具有自适应能力，容错性强，能处理非线性的大型复杂系统	需要大量的样本进行训练，否则影响精度，使应用受限
因子分析法	适用于寻找主要影响因素的分析，以及项目对比评价	可简化系统结构，能在众多因素中找到主要的子集合对系统加以解释	风险评价需要在不同项目间或项目的不同期间进行对比分析
Logistic 回归模型	适用于自变量间相互独立的项目	不要求自变量一定是连续性变量，可解决使用定性指标评价的问题	无法解决多重共线性问题，若多个变量间存在多重共线性问题，会造成奇异矩阵，使判别的误差加大

到目前为止，没有合适的标准来确定海外并购企业究竟是成功或者失败，一般预警模型赖以支撑的基础并不可靠，不可能建立一个一般模型适用于所有海外并购企业。因此，只能通过建立一个风险预警模式，供海外并购企业参考。海外并购整合风险预警必须是通过每个企业在统一风险预警基本指标的基础上根据自身情况加以筛选，再选用合适的预警模型确定权重，进行风险预警。

基于上述分析，本章的整合风险预警模型是针对单个企业的风险预警，问卷调查对象为企业高层管理人员及关键员工，样本数量有限；同时，要素间存在相互作用和影响的关系。因此，所需要的预警模型须符合两个条件：第一，对项目的样本数量无要求；第二，对变量间的相互独立性无要求。通过对常用的 6 种预警模型比较分析发现，尽管这些模型各有其优势，但也有一定的局限性，并且与本章的预警模型的要求相悖。

二、ANP 模型的理论基础及适用性

海外并购整合风险之间关系错综复杂，相互影响，有时互为因果，并且是单个企业的风险分析，样本量较小，因此，本章引入了在"AHP 法"基础上发展而来的"网络层次分析法"（Analytic Network Process，简称 ANP 法）。

（一）ANP 法的理论基础

"ANP 法"是由美国著名的管理决策和运筹学家 Thomas L. Saaty 于 1996 年提出的一种适应复杂结构的决策科学方法，在"AHP 法"的基础上发展而来，主要针对决策问题由于存在依赖性和反馈性结构导致的复杂状况。Saaty 认为 AHP 是 ANP 的一种特例，与 AHP 比较而言，ANP 适用于复杂问题的决策，有着更广阔的应用空间。与 AHP 相比较，ANP 主要有 3 个方面优点：其一，考虑了元素间的依存性，关注元素间影响力的比较；其二，具有非线性结构；其三，ANP 的排序不仅包含元素，还包含准则和元素集。

（二）ANP 法的适用性

1. 系统性的分析方法。海外并购整合风险包含的风险复杂，需要层层分析其影响因素，采用"ANP 法"可将整合风险看成一个系统进行分析，综合性考虑风险指标对结果的重要性影响。

2. 将定性指标定量化。"ANP 法"侧重于根据评价方对评价因素的理解，讲求主观的分析和判断，适用于定性指标的分析。该方法利用评价者的专业知识和技能进行分析，是一个将大脑的思维过程系统化、数学化的过程，即将各项因素的重要性的决定权交由大脑判断，从而定性指标可通过给予权重进行计算，解决了纯技术方法无法解决的实际问题。

3. 考虑各因素间相互影响的关系。"ANP 法"具有系统内各要素间相互依赖及层次间相互影响的特性，以超级矩阵的方式出现，其中，若有 0 或空白，表示层次或要素间相互独立，不具有相互依赖性，适用于不同形式的依存关系。

在海外并购整合风险中，同一层级的风险存在着相互影响、相互依赖的关系。如文化冲突会导致关键人员流失，表明了文化整合风险与人力资源整合风险存在相互影响。"ANP 法"考虑了整合风险之间的这种依赖关系，元素间呈非线性的网络结构，符合海外并购整合风险关系特点，比"AHP 法"更为适用。

三、基于 ANP 法的海外并购整合风险预警模型

（一）预警模型构建流程

"网络层次分析法"按一定流程分析建模，具体流程见图 4-4。

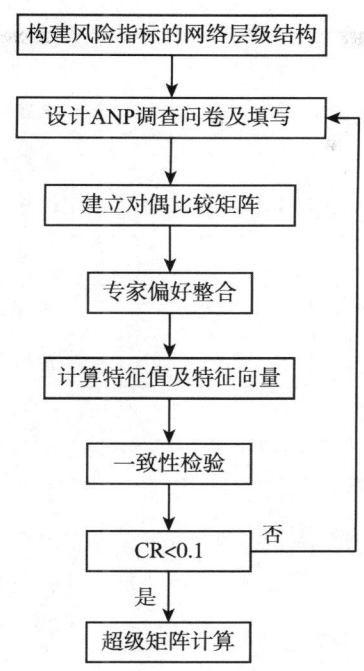

图 4-4 网络层次分析法流程图

1. 构建风险预警指标的网络层级结构。通过灰关联度的排序找出关键风险指标，按风险间的层级关系建立风险预警指标的网络层级。ANP 结构由控制层和网络因素层组成，其中，控制层由一个目标构成，网络因素层由元素组和元素构成。在整合风险预警模型中，六类整合风险是元素组，各项整合风险预警指标是元素组中的元素。

2. "网络层次分析法"问卷设计与填写。在前一个步骤的结构基础上，设计 ANP 的调查问卷。问卷的对象为所研究企业的高级管理人员以及参与海外并购的中介投资公司，确保资料的正确性。

ANP 问卷首先须说明各项指标的定义，以便受访者明确问卷的目的。问卷中 ANP 评估尺度依据 Saaty 的定义，按重要性等级分为 9 种，如表 4-7 所示。

表 4-7　　　　　　　　　ANP 评估尺度

评比分数	重要程度	两两比较参数意义
1 分	重要程度相同	两两比较参数重要性相等
2 分	程度介于相同与比较重要之间	重要程度为两倍重要
3 分	比较重要	重要程度为三倍重要

续表

评比分数	重要程度	两两比较参数意义
4 分	程度介于比较重要与重要之间	重要程度为四倍重要
5 分	重要	重要程度为五倍重要
6 分	程度介于重要与相当重要之间	重要程度为六倍重要
7 分	相当重要	重要程度为七倍重要
8 分	程度介于相当与绝对重要之间	重要程度为八倍重要
9 分	绝对重要	重要程度为九倍重要

ANP 调查问卷由两个部分组成：第一个部分是调查元素组间的关系，即六类整合子风险之间的相对重要性如何；第二个部分是明确元素组内部的元素间的关系，其中，包含某项风险内部指标间的关系和不同风险内部指标间的关系。

3. 建立对偶比较矩阵。将填好的 ANP 调查问卷转换为矩阵形式，形成对偶比较矩阵。如公式 4-7 所示。

$$A = [a_{ij}]_{n*n} = \begin{bmatrix} 1 & a_{12} & a_{13} & \cdots & a_{1n} \\ a_{21} & 1 & \cdots & \cdots & a_{2n} \\ a_{31} & \vdots & \ddots & \cdots & \vdots \\ \vdots & \vdots & \vdots & \ddots & \vdots \\ a_{n1} & a_{n2} & \cdots & \cdots & 1 \end{bmatrix} \quad (4-7)$$

式中：

a_{ij} 代表要素 i 对要素 j 的相对重要性；

a_{jk} 代表要素 j 对要素 k 的相对重要性；

$$a_{ij} = \frac{1}{a_{ji}} \quad i, j = 1, 2, 3, \cdots\cdots, n \quad (4-8)$$

则要素 i 对要素 k 的相对重要性为 a_{ik}，必须满足 $a_{ik} = a_{ij} \times a_{jk}$。

4. 专家偏好整合。由于问卷填写者的受教育程度、经验、个性等存在差异，对各指标的相对重要性程度的认知会存在差异，所填写的问卷会有所不同。本书采用 Saaty 的建议，利用几何平均的方法将各专家的多个对偶比较矩阵整合成一个对偶比较矩阵。

5. 计算特征值和特征向量。将上一步骤中得到的整合对偶比较矩阵，采用公式 4-9 计算求得特征向量 W，由于 A 为判断矩阵，则

$$AW = \lambda_{max}W \qquad (4-9)$$

式中：

λ_{max} 为矩阵 A 中的最大特征值。

该公式经归一化处理后，可近似作为排序权重向量。

6. 一致性检验。为保证填写问卷者的判断具有一致性，应进行一致性检验。一致性检验公式为：

$$C.R. = \frac{C.I.}{R.I.} \qquad (4-10)$$

式中：

CR 为一致性比率；

CI 为一致性指标；

RI 是随机指标，由对偶比较矩阵的阶数决定，具体值的对应如表 4-8 所示。

表 4-8　　　　　　　　　　随机指标对照表

矩阵阶数	1	2	3	4	5	6	7	8	9	10
RI	0	0	0.52	0.98	1.11	1.25	1.35	1.4	1.45	1.49

资料来源：Saaty（2001）。

一致性指标 CI 的计算公式为：

$$CI = \frac{\lambda_{max} - n}{n - 1} \qquad (4-11)$$

式中：

n 为比较因素的个数；

λ_{max} 为比较矩阵的最大特征值。

若 $CR = 0$，表示问卷填写者的判断具有完全一致性；若 $0 < CR \leq 0.1$，表示问卷填写者的判断具有一致性。Saatty 认为，当 $CR \leq 0.1$ 时，各要素权重认知的偏差程度仍在可接受的范围之内，最大容忍度为 0.2，超出此范围应重新填写。

7. 超级矩阵运算。通过一致性检验之后，可将各个整合风险下风险指标的特征向量整合成一个大矩阵，成为未加权超级矩阵（见图 4-5）。

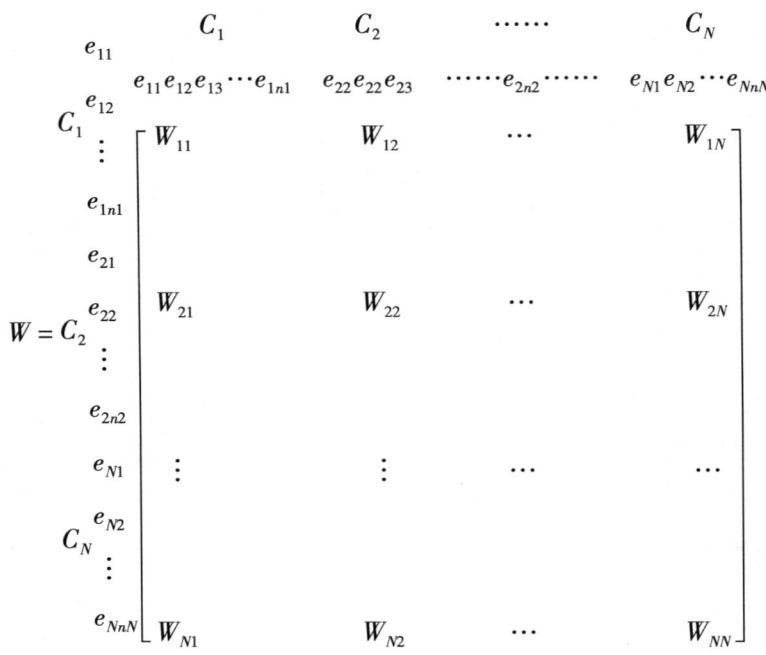

图 4-5　未加权超级矩阵

图 4-5 中，C_m 代表第 m 层面，e_{mn} 代表第 m 个层面中的第 n 个指标。

$$W_{ij} = \begin{bmatrix} w_{i_1j_1} & w_{i_1j_2} & \cdots & w_{i_1j_{nj}} \\ w_{i_2j_2} & w_{i_2j_2} & \cdots & w \\ \vdots & \vdots & \ddots & \vdots \\ w_{i_{nl}j_1} & w_{i_{nl}j_2} & \cdots & w_{i_{nl}j_{nj}} \end{bmatrix}$$ 为第 j 个集群中的要素与第 i 个集群中的要素成

对比较的特征向量。通过 $W_{ij} \times W$ 可得到已加权超级矩阵，以 W 表示。若整合风险指标相互间存在依赖关系，则已加权超级矩阵 W 相乘后可最终得到一个固定收敛极值，且该极值将固定不变。利用 $\lim\limits_{k \to \infty} W^{2k+1}$ 可求得风险指标权重值。

以上对"ANP 法"的建模流程进行了说明，并详细列出了风险指标权重值的计算方法和原理。具体运用 ANP 模型时，一般采用 Super Decision 软件进行数据处理。

（二）预警临界值设定

本部分的预警模型是在按照"灰色关联度分析法"筛选出的指标基础上，通过单个企业决策者、关键管理人员等对各项风险指标打分，明确风险指标的具体风险值的方式加以实现。具体按 5 分制来表示风险大小：5 分表示风险很大，4 分表示风险较大，3 分表示风险一般，2 分表示风险较小，1 分表示风险很小。将各项指标的风险值与相应的权重相乘，可计算得到总风险值。当单项指标或总风险的风险值超过 3 分时发出警报，提示出现风险。其中，受测人员填写问卷时注意定量指标和反向指标的转化。例如，顾客需求满意度的数值是越大越好，而风险值越大表示风险越大，在转化为风险值时则应做反向调整。

第四节　海外并购整合风险预警机制应用案例

本节选择 W 公司并购匈牙利 B 公司作为风险预警案例，具体描述了风险预警机制的构建过程和方法，以加深对整合风险预警机制的认识。在初步建立的风险预警指标体系基础上设计问卷，应用灰色关联度分析法筛选出研究案例的风险预警指标，采用"ANP 法"确定各项风险预警指标的权重，确定每项指标的影响程度，用以分析企业的整合风险状况，通过对风险进行监测，对出现警兆的指标做具体分析，提出风险处理策略。

一、案例背景

W 公司于 1998 年 12 月成立，2001 年 1 月在上交所上市，主要从事以 MDI 产品为主的生产、研发和销售，经过 10 多年的不懈努力，成为亚太地区最大的 MDI 生产企业。MDI 产品的未来需求主要取决于下游产品的市场状况。2011 年，W 公司的 MDI 国内市场占有率为 38%，由于下游产品竞争激烈，国内 MDI 市场逐步呈饱和趋势，继续在国内扩大市场份额非常困难，开拓海外市场是企业的重要发展方向。

匈牙利 B 公司于 1949 年成立，是匈牙利化工行业的龙头企业，也是世界上能生产聚氨酯的 8 家企业之一。B 公司有着 18 万吨 MDI、TDI9 万吨和 PVC40 万吨的生产能力，除了匈牙利本土的生产工厂，约有 3800 多名员工，波兰、捷克也有生产装置，产品主要销往欧洲。2008 年金融危机的爆发使 B 公司的财务状况急剧恶化，面临破产危机。2009 年，B 公司着手开始债务重组，年底资产总额为 16.45 亿欧元，净资产 1.72 亿欧元，净利润为 -1.61 亿欧元。

2011 年 2 月，W 公司通过海外控股子公司收购 B 公司 96% 的股权，交易标的额为 12.63 亿欧元，成为 B 公司的大股东和实际控制人。

MDI 是生产聚氨酯的主要原料，而聚氨酯行业由寡头垄断，行业内四大巨头已经实现了亚、美、欧三大洲的生产和销售布局。欧洲是聚氨酯寡头的主要盈利区域，B 公司的主要销售渠道在欧洲，此次的财务危机给 W 公司的并购提供了良好的国际化发展的契机。

早在 2002 年 W 公司就制定了国际化发展的战略，最初的计划是在海外投资建厂，但经过多方权衡和考虑，认为要实现全球布局，选择并购方式更为合理。2009 年，W 公司开始向 B 公司伸出来橄榄枝，但当时的 B 公司正着手重组，对方提议过两三年再谈。W 公司并未就此放弃，而是采用分步走的策略逐步实施并购计划。2009 年 8 月，买入 B 公司 2/3 的次级债，于同年 11 月根据 B 公司的重组计划成为 B 公司的少数股东。2010 年 2 月，W 公司又收购 B 公司的高级债；同时，向 B 公司提供 1.4 亿欧元的贷款，获得了 B 公司 24 个月内可购买该公司全部股权的买入期权。2011 年 2 月，W 公司通过行使买入期权获取 B 公司 96% 的股权，累积花费 2.23 亿欧元。此次收购完成之后，W 公司的 MDI 生产能力从 50 万吨提升到了 100 万吨，成为除巴斯夫、拜耳之外的全球第三大 MDI 生产商，一跃成为国际 MDI 市场举足轻重的企业。同时，此次并购推动了 W 公司从单一产品向多元化发展迈进，实现了全球化的布局和发展，给 W 公司未来的飞速前进提供了一个崭新而且潜力无限的平台。但是，凡事都有两面性。通过此次并购，W 公司的产能翻倍扩张，给 MDI 成本带来巨大优势，但市场供应大量增加导致出现价格下降的可能；同时，若市场需求下降，MDI 价格大幅回落，会严重影响公司的盈利。

二、风险预警过程

基于文献研究和专家调查，将海外并购整合风险分为 6 项子风险、53 个风险基本指标，分 3 个阶段进行风险预警分析，即指标筛选、指标权重的确定和风险值计算。

（一）指标筛选

第一阶段的问卷以预警基本指标体系为基础，采用李克特五点量表的方式编制问卷，由受访对象做重要程度评价，并采用灰色关联度分析法预筛选出对企业整合风险有重要影响的指标。

1. 问卷设计、样本及回收情况。调查问卷分三个部分，第一部分为受访者基本情况，第二部分是对 53 个影响因素的重要性进行评分。将每项指标的重要程度分 5 个等级，1—5 表示由不重要到非常重要程度逐级递增。为避免漏掉一些重要的影响因素，本书还增加了一个开放式问题："您认为还有哪些影响因素或建议？"

为切实反映风险预警指标的重要程度，问卷的受访对象选择拥有海外并购经验的人员，具体为参与企业海外并购的投资公司的人员。本次共发出 7 份问卷，共收回 7 份，回收率为 100%。

2. 问卷分析。指标的分值中，5 分代表非常重要，分值越少则表示越不重要，则 5 分为理想分值，作为参考序列，其他的均为比较序列。比较序列与参考序列的差值公式为：

$$\Delta_{0i}(k) = \| x_0(k) - x_i(k) \| \tag{4-12}$$

式中：

$x_0(k)$ 为参考序列；

$x_i(k)$ 为比较序列。

$\Delta_{0i}(k)$ 中的最大值和最小值分别为 Δ_{max} 和 Δ_{min}。具体 Δ 值见表 4-9。

表 4-9　　　　　　　　风险预警指标 Δ 值

风险指标编号	风险指标	P1	P2	P3	P4	P5	P6	P7
Z101	政治法律环境	1	1	1	1	3	4	2
Z102	经济环境	3	4	2	2	3	4	2
Z103	技术环境	4	4	2	1	2	3	3
Z104	行业竞争者	3	2	1	1	3	1	2
Z105	顾客	1	4	3	4	4	4	3
Z106	供应商	3	2	4	4	2	2	1
Z107	组织要素	3	3	1	4	3	1	4
Z108	主体要素	1	2	1	2	3	1	2
Z109	资源要素	1	1	1	3	1	1	2
Z201	领导者对文化整合的重视程度	2	4	2	4	1	4	4
Z202	领导者的文化整合能力	3	3	1	4	3	1	1
Z203	领导的沟通能力	2	1	1	4	1	2	2
Z204	员工在文化整合中的心态反应	2	2	2	3	1	2	2
Z205	员工对高层管理者的信任和认可	2	4	2	2	2	1	1

续表

风险指标编号	风险指标	P1	P2	P3	P4	P5	P6	P7
Z206	企业文化势能	2	3	4	2	2	1	1
Z207	双方文化类型的匹配程度	4	2	4	3	1	1	1
Z208	双方多元文化宽容度	2	2	3	4	4	2	4
Z209	跨文化培训和交流	3	4	2	2	4	2	4
Z210	文化整合模式的选择	4	4	2	3	3	1	4
Z301	对外部环境的认知能力	4	3	4	4	3	1	3
Z302	组织设计人员的专业能力	2	3	3	3	1	1	2
Z303	管理团队配合默契程度	3	2	1	1	1	2	4
Z304	组织要素间的协调性	1	2	3	1	4	2	3
Z305	组织技术的复杂性	3	3	3	1	4	3	4
Z306	信息技术设备的配备	2	4	3	2	2	1	3
Z401	人员主动离职率	4	2	2	2	1	1	4
Z402	薪酬与绩效挂钩程度	2	3	2	3	4	1	1
Z403	薪酬竞争力度	3	2	4	2	3	3	2
Z404	管理层和员工满意度	3	2	2	4	2	1	2
Z405	绩效工资认可度	1	4	4	1	4	1	1
Z406	薪酬公平性	2	4	2	1	1	2	2
Z407	薪酬与员工需求的吻合度	2	1	3	2	2	3	2
Z408	人员冲突率	2	4	4	4	2	3	2
Z409	关键人才储备情况	1	3	4	3	3	2	1
Z410	职业规划覆盖程度	2	3	3	4	3	3	3
Z411	职位匹配度	4	4	4	1	1	3	3
Z412	员工工作完成率	3	4	4	3	4	2	2
Z413	人员相对工作负荷率	4	3	2	3	2	3	2
Z414	领导者对人力资源整合的重视程度	2	4	2	3	4	3	2
Z501	企业财务管理者的决策能力	1	4	4	1	3	3	4
Z502	企业快速进行财务政策调整的能力	3	4	1	2	2	2	4
Z503	从事信息技术财务人员的素质	2	4	2	3	1	1	3
Z504	财务信息管理系统的先进程度	3	2	3	4	2	4	3
Z505	企业用于投入信息技术的成本大小	1	3	1	4	3	2	3
Z506	财务组织管理能力	1	1	1	3	3	1	4
Z507	财务制度的修正能力	2	2	3	3	3	2	4
Z508	财务学习能力	4	3	1	2	3	2	1

续表

风险指标编号	风险指标	P1	P2	P3	P4	P5	P6	P7
Z509	资产周转率	1	3	1	4	2	1	2
Z510	权益负债率	2	2	1	1	1	3	2
Z511	债务保障率	2	4	2	3	1	1	3
Z601	顾客需求满意度	3	4	2	1	1	1	2
Z602	流程效率	2	1	1	3	3	3	2
Z603	顾客售后满意度	1	1	2	4	2	4	3

注：$\Delta_{max}=4$；$\Delta_{min}=1$。

由于只选取了分值为 5 的序列作为参考序列，则只须计算局部灰关联度系数。灰关联度系数公式为：

$$\gamma\{x_0(k),x_i(k)\} = \frac{\Delta\min + \xi\Delta\max}{\Delta_{0i}(k) + \xi\Delta\max} \tag{4-13}$$

式中：

$$\Delta_{min} = \min_{\forall j\in i}\min_{\forall k}\Delta_{oi}(k) = \min_{\forall j\in i}\min_{\forall k}\|x_0(k)-x_i(k)\| \tag{4-14}$$

$$\Delta_{max} = \max_{\forall j\in i}\max_{\forall k}\Delta_{oi}(k) = \max_{\forall j\in i}\max_{\forall k}\|x_0(k)-x_i(k)\| \tag{4-15}$$

灰关联度公式为：

$$\gamma(x_0,x_i) = \sum_{k=1}^{n}\beta_k\gamma(x_0(k),x_i(k)) \tag{4-16}$$

式中：

β_k 为每个样本中各指标的灰关联度系数权重，一般取平均值，即 $\beta_k = 1/n$。

从表 4-9 中可找出 $\Delta_{min}=1$，$\Delta_{max}=4$，分辨系数 ξ 一般选择 0.5，各指标灰关联度度计算结果见 4-10。

表 4-10　　海外并购整合风险指标灰关联度相关数据

风险指标 \ 受测对象	P1	P2	P3	P4	P5	P6	P7	灰关联度	灰关联序
Z109	1	1	1	0.6	1	0.5	1	0.87	1
Z203	0.75	1	1	0.5	1	1	0.75	0.86	2
Z101	1	1	1	0.6	0.5	0.75	1	0.84	3
Z108	1	0.75	0.75	1	0.6	1	0.75	0.84	4
Z510	0.75	0.75	1	1	0.6	0.75	1	0.84	5
Z506	1	1	1	0.6	0.6	1	0.5	0.81	6

续表

受测对象 风险指标	P1	P2	P3	P4	P5	P6	P7	灰关联度	灰关联序
Z204	0.75	1	0.75	0.6	1	0.75	0.75	0.80	7
Z303	0.6	0.75	1	1	1	0.75	0.5	0.80	8
Z509	1	0.6	1	0.5	0.75	1	0.75	0.80	9
Z601	0.6	0.5	0.75	1	1	1	0.75	0.80	10
Z205	0.75	0.5	0.75	0.75	0.75	1	1	0.79	11
Z405	1	0.5	0.5	1	0.5	1	1	0.79	12
Z406	0.75	0.5	0.75	1	1	0.75	0.75	0.79	13
Z206	0.75	0.6	0.5	0.75	0.75	1	1	0.76	14
Z207	0.5	0.75	0.5	0.6	1	1	1	0.76	15
Z202	0.6	0.6	1	0.5	0.6	1	1	0.76	16
Z302	0.75	0.6	0.6	0.6	1	1	0.75	0.76	17
Z602	0.75	1	1	0.6	0.6	0.6	0.75	0.76	18
Z401	0.5	0.75	0.75	0.75	1	1	0.5	0.75	19
Z104	0.6	0.75	1	1	0.6	0.5	0.75	0.74	20
Z402	0.75	0.5	0.75	0.6	0.5	1	1	0.74	21
Z407	0.75	1	0.6	0.75	0.75	0.6	0.75	0.74	22
Z508	0.5	0.6	1	0.75	0.6	0.75	1	0.74	23
Z304	1	0.75	0.6	1	0.5	0.75	0.6	0.74	24
Z503	0.75	0.5	0.75	0.6	1	1	0.6	0.74	25
Z511	0.75	0.5	0.75	0.6	1	1	0.6	0.74	26
Z404	0.6	0.75	0.75	0.5	0.75	1	0.75	0.73	27
Z502	0.6	0.5	1	0.75	1	0.75	0.5	0.73	28
Z603	1	1	0.75	0.5	0.75	0.5	0.6	0.73	29
Z409	1	0.6	0.5	0.6	0.6	0.75	1	0.72	30
Z505	1	0.6	1	0.5	0.6	0.75	0.6	0.72	31
Z306	0.75	0.5	0.6	0.75	0.75	1	0.6	0.71	32
Z106	0.6	0.75	0.5	0.5	0.75	0.75	1	0.69	33
Z107	0.6	0.6	1	0.5	0.6	1	0.5	0.69	34
Z501	1	0.5	0.5	1	0.6	0.6	0.5	0.67	35

续表

风险指标\受测对象	P1	P2	P3	P4	P5	P6	P7	灰关联度	灰关联序
Z103	0.5	0.5	0.75	1	0.75	0.6	0.6	0.67	36
Z411	0.5	0.5	0.5	1	1	0.6	0.6	0.67	37
Z403	0.6	0.75	0.5	0.75	0.6	0.6	0.75	0.65	38
Z413	0.5	0.6	0.75	0.6	0.75	0.6	0.75	0.65	39
Z507	0.75	0.75	0.6	0.6	0.6	0.75	0.5	0.65	40
Z201	0.75	0.5	0.75	0.5	1	0.5	0.5	0.64	41
Z102	0.6	0.5	0.75	0.75	0.6	0.5	0.75	0.64	42
Z210	0.5	0.5	0.75	0.6	0.6	1	0.6	0.64	43
Z414	0.75	0.5	0.75	0.6	0.6	0.6	0.75	0.64	44
Z305	0.6	0.6	0.6	1	0.5	0.6	0.6	0.63	45
Z208	0.75	0.75	0.6	0.5	0.5	0.75	0.5	0.62	46
Z209	0.6	0.5	0.75	0.75	0.5	0.75	0.5	0.62	47
Z408	0.75	0.5	0.5	0.5	0.75	0.6	0.75	0.62	48
Z301	0.5	0.6	0.5	0.5	0.6	1	0.6	0.61	49
Z504	0.6	0.75	0.6	0.5	0.75	0.5	0.6	0.61	50
Z410	0.75	0.6	0.6	0.6	0.5	0.6	0.6	0.61	51
Z105	1	0.5	0.6	0.5	0.5	0.5	0.6	0.60	52
Z412	0.6	0.5	0.5	0.6	0.5	0.75	0.75	0.60	53

通过上述步骤计算出灰关联度系数之后，一般取灰关联系数高于 0.75 的指标。由表 4-10 筛选出的灰关联度系数高于 0.75 的见表 4-11。

表 4-11　　灰关联度系数高于 0.75 的风险预警指标

风险编号	主要整合风险	风险指标编号	风险指标	灰关联度	灰关联序
Z1	战略整合风险	Z101	政治法律环境	0.84	3
		Z108	主体要素	0.84	5
		Z109	资源要素	0.87	1

续表

风险编号	主要整合风险	风险指标编号	风险指标	灰关联度	灰关联序
Z2	文化整合风险	Z202	领导者的文化整合能力	0.76	17
		Z203	领导的沟通能力	0.86	2
		Z204	员工在文化整合中的心态反应	0.80	7
		Z205	员工对高层管理者的信任和认可	0.79	11
		Z206	企业文化势能	0.76	14
		Z207	双方文化类型的匹配程度	0.76	15
Z3	组织整合风险	Z302	员工的素质和能力	0.76	16
		Z303	管理人员能力水平的匹配	0.80	8
Z4	人力资源整合风险	Z401	人员主动离职率	0.75	19
		Z405	绩效工资认可度	0.79	12
		Z406	薪酬公平性	0.79	13
Z5	财务整合风险	Z506	财务组织管理能力	0.81	6
		Z509	资产周转率	0.80	9
		Z510	权益负债率	0.84	4
Z6	业务流程整合风险	Z601	顾客需求满意度	0.80	10
		Z602	流程效率	0.76	18

(二) 指标权重的确定

1. 问卷设计及问卷回收情况。将战略整合风险、文化整合风险等整合子风险看成是元素组，各项整合风险下的风险指标为元素，通过元素组之间、元素间两两比较重要程度来建立相互关系。并非所有的风险指标间都要进行相互比较，通过与受访对象的交流，确定出部分需要两两比较的指标。

本阶段的问卷受访对象为 W 公司从事并购并准备或已经参与并购整合工作的高级管理人员，掌握着企业海外并购整合的相关活动和信息状况，对整合风险指标的相对重要程度能做出较准确的判断。本次共发放 30 份问卷，30 份问卷全部收回，均为有效问卷。

2. 问卷分析。将问卷数据录入 Super Decision 软件中，每张问卷录入后要做一致性检验，若未通过则重新填写。通过软件计算得到主要整合风险以及各项风险下风险预警指标权重值，见表 4 - 12。

表 4-12　　　　　　　　　　　风险及风险指标权重

主要整合风险	权重	风险指标	权重
战略整合风险	0.3691	政治法律环境	0.1076
		主体要素	0.1041
		资源要素	0.1575
文化整合风险	0.2621	领导者的文化整合能力	0.0168
		领导者的沟通能力	0.1156
		员工在文化整合中的心态反应	0.0502
		员工对高层管理者的信任和认可	0.0347
		企业文化势能	0.0248
		双方文化类型的匹配程度	0.0201
组织整合风险	0.049502	员工的素质和能力	0.0064
		管理人员能力水平的匹配	0.0431
人力资源整合风险	0.0649	人员主动离职率	0.0031
		绩效工资认可度	0.0313
		薪酬公平性	0.0305
财务整合风险	0.2134	财务组织管理能力	0.0780
		资产周转率	0.0428
		权益负债率	0.0926
业务流程整合风险	0.0411	顾客需求满意度	0.0368
		流程效率	0.0043

将主要整合风险和风险预警指标按权重进行排序，见表 4-13 和表 4-14。

表 4-13　　　　　　　　　　主要整合风险权重

主要整合风险	权重
战略整合风险	0.3691
文化整合风险	0.2621
财务整合风险	0.2134
人力资源整合风险	0.0649
组织整合风险	0.0495
业务流程整合风险	0.0411

表 4-14　　　　　　　　风险预警指标权重排序

排序	风险指标	权重
1	资源要素	0.1575
2	领导的沟通能力	0.1156
3	政治法律环境	0.1076
4	主体要素	0.1041
5	权益负债率	0.0926
6	财务组织管理能力	0.0780
7	员工在文化整合中的心态反应	0.0502
8	管理人员能力水平的匹配	0.0431
9	资产周转率	0.0428
10	顾客需求满意度	0.0368
11	员工对高层管理者的信任和认可	0.0347
12	绩效工资认可度	0.0313
13	薪酬公平性	0.0305
14	企业文化势能	0.0248
15	双方文化类型的匹配程度	0.0201
16	领导者的文化整合能力	0.0168
17	员工的素质和能力	0.0064
18	流程效率	0.0043
19	人员主动离职率	0.0031

（三）计算风险预警指标值

由参与 W 公司并购整合的高级管理人员和中介投资机构填写调查问卷，形成表 4-14 中所列的 19 项风险指标的具体风险值，通过数值 1—5 表示风险程度逐级递增，与相应的权重相乘合计，就可得到总风险值。其中，风险值的确定注意定量指标和反向指标的转化。在实际预警中，拟用信号灯显示警情，大于 3 分用红灯表示，3 分用黄灯表示，小于 3 分的用绿灯，表示暂时运行良好。具体风险指标分值状况见表 4-15。本次共发放 20 份问卷，20 份问卷全部收回，均为有效问卷。

根据警兆显示，综合风险信号为绿色，表示整合风险总体风险程度不高，但仍不能掉以轻心。从各单项风险预警灯号来看，战略整合风险、文化整合风险和财务整合风险是目前 W 公司并购整合的主要障碍。

表 4 – 15　　　　　　　　　　风险指标分值

主要整合风险	权重	风险预警指标	权重	未加权风险值	预警灯
战略整合风险	0.3691	政治法律环境	0.1076	3	黄灯
		主体要素	0.1041	3.4	红灯
		资源要素	0.1575	2.4	绿灯
文化整合风险	0.2621	领导者的文化整合能力	0.0168	3.4	红灯
		领导的沟通能力	0.1156	3.4	红灯
		员工在文化整合中的心态反应	0.0502	3	黄灯
		员工对高层管理者的信任和认可	0.0347	3.8	红灯
		企业文化势能	0.0248	3.4	红灯
		双方文化类型的匹配程度	0.0201	3.4	红灯
组织整合风险	0.049502	员工的素质和能力	0.0064	2.2	绿灯
		管理人员能力水平的匹配	0.0431	2	绿灯
人力资源整合风险	0.0649	人员主动离职率	0.0031	2.6	绿灯
		绩效工资认可度	0.0313	2.6	绿灯
		薪酬公平性	0.0305	2.8	绿灯
财务整合风险	0.2134	财务组织管理能力	0.0780	2	绿灯
		资产周转率	0.0428	3	黄灯
		权益负债率	0.0926	3.2	红灯
业务流程整合风险	0.0411	顾客需求满意度	0.0368	2	绿灯
		流程效率	0.0043	2.2	绿灯
综合风险				2.84	绿灯

三、风险应对

（一）战略整合风险对策

对于初次走出国门并购的 W 公司而言，寻找合作伙伴转移部分风险是合适的选择。鉴于 PE 公司具有自身优势及较强的并购经验，为了最大限度降低并购整合的风险，可与国内有过并购经验的 PE 公司合作，暂时让渡一部分股权，待并购整合成功再做回购处理。

尽管匈牙利鼓励吸引外资,在法律方面给予外资很多优惠,但并购整合中难免出现法律问题,对此,企业可选择当地的律师在并购整合中做法律顾问,尽量降低法律纠纷导致的战略整合风险。

在主体要素方面,应注意最高决策者的决策是否基于尽量充分的信息和多方征询意见,避免因个人的高风险偏好导致决策失误,错误引导企业未来发展方向。在资源要素方面,尽管 W 公司有着技术创新的优势,但我国企业在海外人才配备、员工技能普遍水平、信息管理技术等方面普遍存在劣势,通过人员、技术等方面整体水平的提高,才能更好地与对方的战略相融合,在新的战略引导下得到更有利的发展。

(二)文化整合风险对策

高层领导的文化整合能力一般依据经验衡量,聘用或任命有海外管理经验的人员担任并购整合工作,会降低文化整合方面的风险。东西方文化的差异给 W 公司的整合带来困难是难免的,W 公司给 B 公司派驻管理人员势必会使情况更加恶化,应采取培养当地人成为管理人员的方式减弱文化整合风险。匈牙利的人口素质较高,劳动人口中有 40% 受过高等教育,而且欧洲国家的企业在选拔人才方面重学历和工作能力,从 B 公司中选取和培养管理人员能加强管理者与员工的沟通,减少文化整合中的冲突行为。

文化势能和双方文化的匹配程度都处于风险较高状态,对此,W 公司应高度重视。文化势能是在并购及整合时期内,一种处于强势地位的文化对另一种相对弱势的文化在心理上产生的信任、吸引和可接受程度的反映。表示一种文化与另一种文化因文化异质性或综合实力的差异而产生的相互间的认可程度。同时,西方文化是一种强势文化,对东方文化有着偏见和误解,双方属于匹配程度较低的两种文化。W 公司应多组织双方的文化交流活动;同时,通过表彰先进个人、文化宣传和培训等活动,向员工传递合并后的企业鼓励的行为和规范,逐步磨合双方的差异。

(三)财务整合风险对策

资产周转率指标显示黄色灯号,属于应关注的范畴,通过进一步掌握资产现状,影响资产周转的各种因素,分析各种资产如何处理能实现周转速度最大,预防资产周转受阻而产生财务风险。

权益负债率反应风险的大小,应积极予以重点关注和处理。并购前 B 公司的资产负债率超过 60%，且多为次级债和高级债，利率高达 15%，给企业带来严重的利息负担，使企业的负担进一步加剧，严重影响盈利。对于负债部分，应主要采用利息较低的银行贷款方式，降低利息成本，减少债务风险。W 公司协助 B 公司引入 9 亿欧元银团贷款，置换掉该部分高息负债。

以上部分以 W 公司并购匈牙利 B 公司为例，分析了海外并购整合风险预警机制的运行，通过对风险指标的风险值进行监测，获取警兆信息，并相应作出风险处理，提前将一些风险化解，为尽快顺利整合奠定基础。

第五章 海外并购整合风险的控制策略

第一节 海外并购整合风险控制框架的构建

目前，我国学者对海外并购整合风险的研究涉及战略、文化、人力资源、财务等诸多层面，但遗憾的是，大多数研究只是就单项风险提出防范的构想，鲜有研究者提出海外并购整合风险的全面控制思路。我国企业海外并购实践中面临的整合风险是多元的、动态的，因而，这种单一化的分析范式很难成为有效的实践指导。袁天荣、杨宝综合现有的文献研究成果以及大量的案例分析、企业调研，提出了海外并购整合风险的全面控制框架（如图5-1所示）。

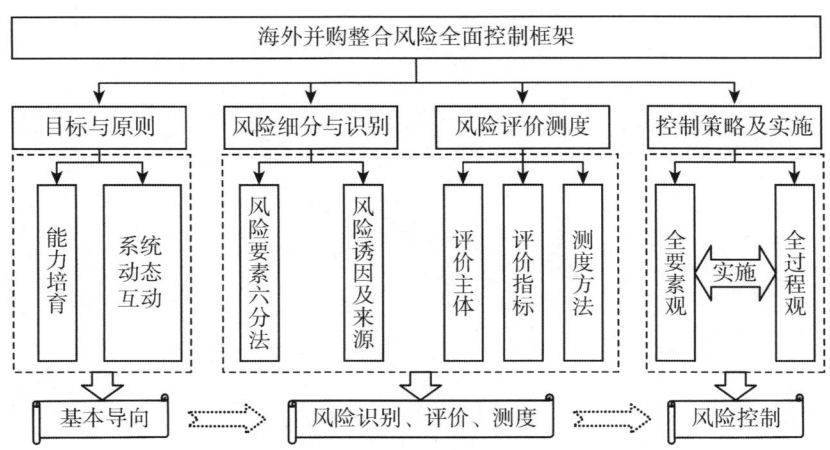

图 5-1 海外并购整合风险全面控制框架图

全面控制框架的第一层面是整合风险控制的"基本导向"。"基本导向"是整个风险控制框架的起点和行为指引，即海外并购整合风险控制的基本目标是什么？风险控制应秉承怎样的基本原则？

全面控制框架的第二层面是对海外并购整合风险的识别、评价与测度，这是整合风险控制的前提。该层面主要解决的问题包括：海外并购整合风险要素如何划分？各类整合风险因素的诱因及其来源是什么？各类整合风险因素如何评价（涉及主体、指标及测度方法等）？

全面控制框架的第三层面是海外并购整合风险的全面控制思路及实施举措，这是控制框架的核心与重点，也是第二层面（整合风险评价、测度）的合理延伸。该层面集中解决的问题是如何对海外并购整合风险实施全面控制？

第二节 海外并购整合风险控制的目标与原则

一、海外并购整合风险全面控制的目标

根据 20 世纪 90 年代兴起的企业能力理论，企业是一个能力体系，核心能力是市场竞争优势的源泉，有效的战略应以能力为基础，通过对核心能力的投资来获得和保持市场竞争优势。许多学者则把企业并购视作能力管理的过程。王长征认为，由于企业能力是竞争优势和经济租金的根本来源，并购的价值创造就其本质而言，可以看作企业能力的增强和能力运用效率的提高。潘爱玲、吴世农则确立了海外并购整合战略的目标，是在尊重各国文化差异的基础上，实现并购双方的融合与整体性协调发展，通过能力的保护、转移、扩展和创新，进一步提升企业的核心能力，强化企业的国际竞争优势。多重目标论的观点则认为风险管理是为了实现企业发展中的多种目标。

因此，根据企业能力理论，企业并购后的整合，实际上是使并购后拥有新"资源"的"新"企业具有"动态能力"的过程；成功的整合，就是能结合自身来吸收目标企业的优点，吸纳目标企业的能力，从而培育出新企业的"核心竞争能力"。基于以上分析，本书认为海外并购整合风险控制的目标是成功"阻断"或"清除"各类整合风险因素；并结合自身来吸收目标企业的优点，吸纳目标企业的能力，从而培育出"新"的核心竞争能力。

二、海外并购整合风险全面控制的原则

海外并购涉及两个以上国家的企业,两个以上国家的市场和两个以上政府控制下的法律制度,这使得海外并购整合风险控制越发复杂。为提高风险控制的效果,本书提出以下应遵循的原则。

1. 系统性原则。海外并购整合风险管理是一项复杂的系统工程,涉及多层面风险的识别与管控,忽视任何一个方面都可能导致整合的失败。贯彻系统性原则要求企业在海外并购整合风险管理中,一方面要对所有整合风险因素进行全面识别;另一方面,要准确把握各风险因素之间的内在联系,从风险联动角度管控风险。

2. 动态性原则。海外并购整合风险要素的"萌芽、成长、爆发"是一个渐进性的动态过程,这决定了动态性原则有两个层面的含义:其一,海外并购整合风险管理应是一种"全过程管理",有必要对海外并购整合风险实施全过程防控。其二,海外并购不同整合阶段应建立相应的动态监测、治理机制,以将各种整合风险消除在萌芽阶段。

3. 互动性原则。互动性原则是指通过确立共同的愿景,在相互尊重的基础上,共同解决并购中出现的矛盾、冲突和问题。为此,一要充分沟通,包括双方管理层之间的沟通、管理层与雇员之间的沟通、公司与资本市场的沟通、公司与客户及其他外部利益相关者的沟通等。二要优势互补,从整合的整体优势出发,善于取舍,通过优势互补实现并购后"新企业"的理想组合。

第三节 海外并购整合风险的控制策略

从前文的分析来看,海外并购整合风险诱因是多元的,衍化路径是动态的。因此,对于海外并购整合风险的治理应该是全面而动态的。本书提出海外并购整合风险治理的 3 个基本策略:一是源头治理;二是分类治理;三是全过程治理。

一、源头治理策略

源头治理策略的基本思想是早识别、早处理,将整合风险消除在"萌芽"状态。从风险治理的成本与效益来看,源头治理策略无疑是最经济有效的。但是,整合风险源头治理的"瓶颈"在于处于"萌芽"状态的整合风险诱因、风险因子是难于识别的。换言之,企业推行海外并购整合风险的源头治理需要在风险识别方面投入较大的成本。因此,企业海外并购整合风险治理实施源头治理策略的前提是及时、敏锐的风险识别机制。为此,本书提出以下建议:

首先,要重视整合工作小组的角色。整合工作小组不是"应急工作小组",不应等到整合开始后才介入。他们的工作应贯穿于整个并购前、中、后期,工作重点之一是实时监控整合风险诱因。

其次,要重视海外并购的尽职调查与决策。要对海外目标公司的战略、经营、财务、人员、组织文化等作出详尽调研、评估;同时,也要重视对目标国的宏观经济、政治法律环境、社会人文等可能诱发整合风险因素的评估。

二、分类治理策略

分类治理策略的基本思想是针对不同整合风险因素,分别建立识别、预警、治理机制,"有的放矢、分而治之"。分类治理策略的基本依据是不同类型的整合风险因素其诱因机理、衍化路径、影响因素是不同的,那么,对不同风险因素的治理也要体现出差异性。海外并购整合风险治理实施分类治理策略,就是要在对整合风险要素全面识别的基础上,根据风险类型建立风险评价机制、风险控制关键点与关键措施。因此,分要素构建整合风险控制的关键点是并购整合风险全面管理体系的重要一环。当然,分类治理策略并不意味着将各类整合风险因素对立、割裂开来。考虑到各整合风险要素间的内在联系,对于具有内在关联的整合风险因子的治理应体现出一定程度的"联而治之",根据风险要素间的内在联系建立系统、联动的风险治理举措。我们根据前文提出的"六维度"整合风险要素,提出相应的风险治理关键点及防控思路。

(一)战略整合风险应对策略

1. 外部环境风险应对。外部环境包含政治法律环境、经济文化环境、技术环境、行业竞争者、顾客和供应商等,若是外部环境出现对战略整合不利的状况,要从两方面考虑对策:一方面是判断掌握的信息是否可靠。可通过寻找当地的一些咨询等相关机构做顾问,确定企业所获取信息的可靠性,避免战略选择的依据出现问题。另一方面,在充分掌握外部信息的基础上,重新调整企业的战略目标。外部环境是客观存在,无法人为改变,只有企业的战略能由自己决定,根据这些客观存在做相应调整。若出现不相匹配的情况,则说明是企业战略目标出现了问题,及时查找原因,重新调整战略。

2. 内部系统风险应对。企业内部系统中的主体要素、资源要素和组织要素出现对战略整合不利的状况时,则要分别进行应对。首先,主体要素对战略整合的影响主要在于战略决策是个人决策还是群体决策,如果是个人决策,风险较大,原因在于个人决策容易受个人风险偏好、知识丰富程度、经验多寡的影响。对于个人决策的企业,则需要聘请经验丰富的投资咨询机构,来弥补个人决策的不足。其次,资源要素的不利影响在于企业的资源不足以支撑所制定的战略目标。企业的技术、品牌、人才都是企业重要的资源要素,在短期内不会有大的变化,战略目标应做相应调整与之匹配。最后,组织要素的不利影响。组织总是跟随战略的,当组织要素出现不利状况时,应重新审视组织结构和人员安置的合理性,根据战略目标进行调整。

(二)文化整合风险应对策略

海外并购存在民族文化和企业文化的双重差异,文化整合与文化建设是企业战略实施的关键保障,决定了员工的凝聚力和向心力,最主要的目标是解决并购后的文化冲突问题。首先,做好整合前的文化调查,掌握文化整合重、难点。美国学者爱德华将文化分为支配日常行为的正式文化、惯性思维及行为习惯等非正式文化、知识和技术等技术文化。其中,正式文化根深蒂固、很难改变,非正式文化差异需要双方长时间的交流沟通进行磨合,整合难度大,而技术文化冲突易整合。其次,做好文化整合工作,加强文化交流,加大文化培训。做好文化交流要做到以下三点:一要提升对自身文化的认识,正确地看待自身文化的优、缺点;二要注重交流沟通技巧,避免因缺乏技巧造成误会,延误文化整合进程;三是对待对方文化要秉持开放包容、兼收并蓄的态度进行换位思考,正确理解对方观点,提高沟通效率。最后,加强后期的文化培训有助于推进文化整合工作、巩固文化整合成果,对员工展开文化培训能够搭建起文化交流和学习的平台,能够更加深入、有效地了解双方文化,从而降低文化冲突,提高经营管理效率。

更需要注意的是文化整合工作较为复杂，需要领导层面、员工层面、文化特质层面及管理层面的协同配合才能取得良好的文化整合效果。

1. 领导层面。首先，高层领导要高度重视文化整合，将文化整合作为一项重要的工作来抓。在预算中安排文化整合的相关支出计划，给文化整合活动提供经费；同时，安排专门队伍收集文化相关信息、做文化宣传等工作。其次，尽量聘请有丰富文化整合经验的领导来开展文化整合工作。弘毅联想总裁赵令欢先生曾说过，并购后的企业只能有一个文化。① 深入分析双方文化的特点，依据企业自身情况打造适合企业发展的文化。确定文化建设的目标和内容，在文化整合过程中明确工作的重点，有计划地开展文化整合工作。最后，领导文化整合的管理者应具有较强的沟通能力。管理者与员工沟通要精通对方语言，注意沟通技巧、说话的艺术等，避免沟通障碍引发误会，使矛盾加深。

2. 员工层面。管理者要缩短权力距离，多下基层了解员工思想动态，对待员工要有同情心，平等对待每一个员工，让员工对主要领导乃至企业增强信心和信任。尤其不能对并购双方有差别待遇，否则会将目标企业员工推到对立面，造成难以调和的矛盾。

3. 文化特质层面。要关注企业是否事先做好文化评估工作，能准确把握双方文化差异状况。对于文化势能较大、文化类型匹配度差的状况，多沟通交流，要用诚意打动对方。并购方首先要做好自己员工的思想工作，还要重视双方的文化差异，尊重对方的风俗、习惯，注意交流方面的禁忌，本着平等、友好的原则合作共事。只要让对方感受到并购的诚意，是为了双方更好的发展，实现双赢，并非是达到目的就撇而置对方的长远利益于不顾，则对方也会抛开偏见，为并购后企业的发展贡献心力。

4. 管理层面。加强跨文化培训和交流活动，不仅让双方相互了解对方的文化，做到互相理解、增强文化宽容度，还要宣传企业新的统一文化。在并购整合之初确定的文化整合模式只是形成统一文化的过渡和基础。并购企业还要根据实际情况选择合理的文化模式。当原有的文化模式对文化整合产生不利影响时，说明不适合采用融合文化吸收模式，此时，应先将文化整合模式暂时调整为分离模式，再重新评估管理者和员工与文化相关事项，从调换有经验的文化

---

① 2011 年央视《对话》栏目访谈时赵令欢先生发表的言论。弘毅联想是联想集团下属的投资公司，2008 年参与并帮助中联重科并购意大利 CIFA，整合获得巨大成功。

整合管理人员入手，通过做好沟通交流工作，再采用渗透模式，分步骤逐步实现统一文化。

（三）组织整合风险应对策略

1. 全面评价组织结构和管理制度设计的合理性。通过组织结构的设计实现管理体制标准化，通过岗位设置、职权划分、工作标准的建立实现管理手段标准化，通过部门对接、人员对接的管理流程设计实现管理流程的标准化，通过对权责利的合理配置实现管理理念和管理行为标准化。为慎重起见，组织专业机构和相关部门人员，全面评价企业的组织结构设置和运行效率状况，进行管理流程诊断和制度体系诊断①，找到组织设计中的缺陷，重新调整不合理的组织结构。组织结构的调整要考虑成本效益，做出的调整必须能由产生的效益弥补，如增加的协同效应、规模效应，若不足以弥补则在现有条件下考虑风险承受。

2. 减少人对组织效率的负面影响。组织运行效率除了组织结构和制度设计不合理外，文化差异和人力资源因素也是重要原因之一。组织整合只是对企业资源和权力的重新分配的载体，具体任务须由人来执行。因此，风险分析人员应下基层，通过与员工访谈等方式，了解人员因素在组织运行效率中的负面影响。若是文化差异或人力资源因素导致，则应从文化和人力资源方面着手解决，通过整合风险间的联动效应间接对组织整合产生影响。

3. 检查信息技术设备配备的合理性。对跨国集团而言，通过网络传递重要信息，信息技术设备正常运转对企业经营管理显得尤为重要。对信息技术设备进行检查和维护，排除由于设备原因导致信息传递受阻，致使对外界环境变化不敏感；同时，建立设备定期检查、维护和更新的制度，确保设备正常运转。

（四）人力资源整合风险应对策略

人力资源整合工作的顺利进行能够保持并购双方的组织稳定性，在很大程度上决定了并购整合的成败。在海外并购中，应重视人力资源整合，加强人力资源整合风险管理，充分发挥并购双方人力资源优势，本着"尊重知识、尊重人才、以人为本"的总体原则，积极推行人才战略。加强人力资源制度建设，留用关键人才，储备跨国人才，选拔优秀人才，建立薪酬激励机制，安置被裁人员，做好人力资源整合风险应对工作。

---

① 管理流程诊断是指考察企业职能部门内部及其相互间的管理运作是否有效率、是否需要改进。制度体系诊断是指考察企业基础管理中的规章制度是否完善，是否有与企业目标相冲突的地方，以及如何提高制度体系运行效率。

1. 关键人才的留用。人力资源整合首先面临的问题是关键人才的留用。被并购后，企业内部易出现员工紧张感和焦虑感加剧、人心涣散、企业凝聚力下降，从而导致关键人才流失，这严重影响着并购整合的顺利进行。解决关键人才留用问题，首先需要通过与目标企业管理人员、员工访谈，建立人才库，作为企业重点留用对象。要留住关键人才，从3个方面入手：第一，与重点留用对象多沟通交流，消除隔阂，防止不必要的误解；同时，对企业发展初步形成共识。第二，了解对方需要和意向，设计合理的人才挽留计划。最后，建立关键人才的留用制度和激励制度，从制度上保证人才的留用，去除他们的后顾之忧。还应注意的是，人力资源整合应循序渐进，并购初期应尽量维持原有的管理制度、管理机构、管理人员和员工，一方面，消除被并企业员工顾虑和抵触心理，增强凝聚力，另一方面，有助于并购企业熟悉东道国政治、文化等宏观环境，熟悉被并企业运营方式和管理体制，为后续深度融合奠定基础，保证后续整合工作稳步推进。

2. 跨国人才的储备。成功海外并购的关键是人才储备，尤其是高层次跨国人才短缺的问题，现有人才不熟悉国际法律环境、跨国文化、商业规则，在价值观念、思维模式和专业能力方面达不到国际市场竞争要求，严重影响了海外并购整合效果。因此，在确定实施海外并购时就应储备跨国经营人才，方式包括外聘和内部培养。做好国际化人才的培养工作，充分利用国内外资源，培养一批具有国际化视野的管理人才和技术人才；选派优秀人才去海外学习、交流；同时，加大海外优秀人才引进力度。要注意重要岗位须有备用人选，尽量在内部培养。尤其是高级管理人员，在确定进行海外并购时就应有合适人选，若准备不足也可在并购谈判时将培养接班人计划列入交易条款，暂时留用目标企业高级管理人员，在期限内培养出接班人再让其离任，让接管有个平稳过渡。

3. 优秀人才的选拔。实施海外并购的企业要有意识地、有计划地进行人才选拔。可以通过以下两种方式进行：一是建立优秀人才选拔机制，注意程序的公平性，优胜劣汰，选拔一批熟悉本企业经营发展趋势、具有管理能力的优秀人才，避免任人唯亲。二是充分利用第三方机构的优势助力优秀人才选拔，如请猎头公司帮忙物色，猎头公司备有人才库，选拔人员也有专业经验，能快速给企业选出合适人选，节约企业的人力物力，并有良好效果。在并购发生之前就要注重选拔优秀人才，培养员工的国际化视野和思维，才能够在海外并购机遇中抓住机会，成功进行并购整合，获取优质资源、管理技术，迅速打入国际市场。

4. 科学的薪酬激励机制。针对双方员工合理进行薪酬设计，建立薪酬激励机制激发员工的能动性。并购前并购方员工的薪酬远低于目标企业员工，是薪酬设计难度大的主要原因，此时，并购方就要衡量企业能承受多高的人工成本，考虑双方员工对薪酬的接受水平；同时，尤其要做好中方员工的思想工作，企业的承受能力有限，不可能将中方员工的薪酬提升到目标企业员工水平，不能因薪酬差距过大影响其对企业的忠诚度。在薪酬设计上，要注意对员工的吸引力和激励作用，与同行相比要有竞争力，还要与绩效挂钩，提高劳动生产率和工作效率。

5. 合理的裁员安置。裁员在国外面临着较高的时间与资金成本。国外有明确的法律法规保护弱势劳动群体，裁员要支付赔偿费用，加之国外工会力量强大，使得裁员工作进展艰难。对目标企业的裁员要注意公平性，公示裁员标准，同时做好裁员补偿。若企业是多次裁员，则应注意补偿标准的一致性。裁员后留下来的员工会出现"幸存者综合征"，对并购整合持不信任、不配合的负面态度，要注意对这种负面态度加以引导。要富有同情心，多从被裁员工的角度考虑问题，不能一味地为了企业发展将服务多年的员工当作负担一裁了事。可通过安排再就业培训等方式，帮助下岗员工重新上岗。

（五）财务整合风险应对策略

海外并购内外部环境更加复杂，不确定因素增多，在并购整合中若出现财务行为和管理失误，必将导致并购绩效偏离预期目标，甚至造成巨大的并购损失。为了降低并购财务整合风险，必须建立完善的财务体制机制，提高财务人员岗位胜任能力，保障财务机构设置、财务活动决策、日常操作管理规范且有效。

1. 财务管理人员能力评价和财务机构设置。严格对财务管理者在决策、日常管理方面的能力进行考核，对无法胜任者则应督促其加强学习与培训，在无法改善的状况下则予以更换。财务机构设置应注意信息传递的通畅性，加强财务信息化建设，保障财务信息采集、汇总、整理与分析的准确性和实效性，在政策变化时能及时将信息加以传递，以便快速调整。

2. 引进和培养高素质财务人才。高素质财务人才是指除了精通专业会计知识之外，还能熟练使用网络信息技术、掌握企业经营管理知识的复合型人才。在招聘财务人员时就应本着引进复合型人才的原则，提出较高的要求和标准，使新进人员能直接满足相应需要。对于企业的原有员工，可通过培训和考核的方式促使财会人员加强各方面知识的学习，提高财务人员的适应能力和创新能力，以适应企业跨国经营的需要。

3. 规范日常操作管理。并购双方在财务专业技术方面存在差异，应统一财务目标，建议统一的财务制度和财务核算体系，对日常操作要重新调整并进行规范，双方财务人员应严格遵照执行，使双方提供的信息在同一财务基础平台上，便于汇总和与不同时期的财务状况进行比较分析，从而迅速做好财务资金的调配工作，保证资源配置效率和企业运行秩序。同时，可防止出现基础错误，使提供的信息与事实不符，误导企业决策。

4. 改进资产整合效率。海外并购之前主并购企业和被并购企业之间的资产数量、种类和结构不一定满足并购后的战略目标和经营需求。鉴于此，并购后要根据企业发展目标及资产状况进行资产整合，提高资产使用效率。与并购整合前相比，如果资产周转率下降，表示资产整合出现问题，则应具体衡量资产周转率各项指标，针对出现问题的部分加大力度改进。若固定资产周转率低下，则重新分析是否有闲置不用或低效率资产，应及时转让，予以剥离。若是流动资产周转率下降，则是闲置资金未加以利用，应采用理财手段获取收益。同时，重视无形资产利用效率，借助先进技术淘汰落后产能，提升企业资产的整合效率。

5. 降低融资成本和利息负担。企业融资按照融资渠道可分为内源融资和外源融资两种方式。内源融资是从公司内部筹集资金，主要利用留存收益完成并购融资；外源融资按资金性质可分为债务性融资和权益性融资。债务性融资主要是银行借款和公司债券，需要按期还本付息，若不能按期偿还，企业将陷入财务危机；权益性融资主要表现为股权融资，无须还本，融资风险低，但融资成本高。企业应合理安排融资结构，降低融资成本。若目标企业资产负债率较高，资本结构不合理，则应利用并购后企业规模增大、总体实力增强的优势，通过发行股票的方式筹集资金，降低负债水平，优化资本结构。若目标企业现有债务利息较高，可通过利息相对较低的银行借贷，置换这部分高息债务，减少企业的利息负担。合理利用财务杠杆，通过调整融资方式来优化目标企业资本结构，从而降低用资成本，提高财务效率。

（六）业务流程整合风险应对策略

业务流程具有开放性、系统性的特点。从外部看，业务流程关系到与供应商、客户进行原材料、服务、产品的交换；从内部看，业务流程涉及企业内部的各个机构和各项资源，是企业内外部联系的重要载体，最直接地影响企业经营状况。在并购整合之前，并购双方在业务流程中必然存在异同之处，为降低业务流程整合风险，提高并购绩效，应从以下几个角度进行业务流程改进。

1. 以人员为主进行业务流程改进。流程效率主要与两方面有关：一是流程设计，二是人员因素。流程设计问题可直接采用以客户价值为导向的业务流程改进方式进行改进。人员因素问题可通过提高执行业务流程人员的专业素质、增强员工间的相互配合等方式改进，同时做好如下工作：首先，列明业务流程，明确各方工作范围和如何配合，并附加相关奖惩规定；其次，给并购方人员提供东道国市场环境相关信息，对目标企业所面对的市场有所了解，让并购方人员理解照搬原有模式的弊端；最后，双方人员多加强沟通和了解，相互尊重，让并购方人员尽快融入企业的正常经营，通过相互配合改进流程效率。

2. 以客户价值为导向的业务流程改进。根据顾客售后满意度调查问卷，查找引起顾客不满的具体原因，开展以客户价值为导向的业务流程改进活动。有的仅仅是流程中一个环节出了问题，如售后服务，以较低的费用就能解决，并提升顾客对产品的忠诚度。若是整个流程出现了问题，则最好请专业机构进行诊断，并加以改进。

3. 以客户需求为导向的业务流程改进。顾客需求满意度出现问题，说明所研发的产品无法满足客户需要。可能的原因有两个：一是研发能力不足，由于缺乏资金和研发人才，以企业目前的实力无法研制出满足需要的产品；二是企业的产品定位出现了问题，提供了顾客不需要的产品。若是产品定位问题，则应及时调整战略方向，对相应的采购计划、销售人员知识都需要重新调整和更新。若是研发能力不足，企业可通过引入战略投资者，解决研发资金的同时，还可通过与战略投资方的合作解决部分技术难题。

在考虑分类风险策略时，要关注整合风险间的联动关系，抓住主要矛盾才能做到事半功倍。在海外并购整合风险框架中，风险间存在相互影响的关系，某项风险的发生可能是另一项风险导致的。例如，预警指标显示出现组织整合风险，实际却是文化整合风险导致的，若只关注调整组织结构和企业制度，可能无法达到期望的效果。综合来看，战略起着引导方向的作用，文化和人力资源则是整合核心，是风险中首先要关注和协调的对象，其他整合都是在此基础上的重新调整。风险对策的选择应在总的战略思路基础上，以人为核心来考虑风险对策的原则来进行，方能抓住主要矛盾，使应对措施更有效果。

三、全过程治理策略

从海外并购整合风险的衍化机理来看，其衍化路径是动态的；衍化历程涵盖并购决策、并购交易、并购后整合各阶段，这是实施整合风险全过程治理的依据。全过程治理策略是指海外并购整合风险的防控应该贯穿在整个并购的全过程，其重点是对整合风险的动态监测、预警及治理。实施全过程治理策略的要点包括：第一，要做好基于并购过程的整合风险防控战略规划。通过该规划，明确在海外并购每个阶段整合风险防控的目标、任务、措施。第二，依据各类整合风险因素的衍化路径，寻求最佳的整合风险治理时机，使风险防控"事半功倍"。第三，使整合风险因素的分阶段识别与系统控制相结合。因此，海外并购整合风险全面控制框架如图5-2所示。其基本要点如下：

1. 在海外并购决策阶段，做好整合风险的评估、调研、监控。通过评估目标公司所在国的政治风险、经济风险、社会文化风险以及目标企业的资源、能力、战略、组织结构、企业文化和人力资源初步判断可能的整合风险因子及整合成功的可能性，针对部分整合风险因素提出预案。

2. 在海外并购交易阶段，进一步监控整合风险因子并做好整合规划工作。对于前一阶段已识别的风险因子，保持动态监控并适时治理；对于前一阶段未识别、本阶段暴露出来的风险因子保持动态监控并择机治理。此外，随着并购交易的完成，这一阶段另一项关键工作是做好整合的基础准备工作。成立专门的整合工作委员会，委派专门的整合经理，做好整合规划（如确定整合模式、整合进度、关键整合风险领域、关键风险防控措施等）。

3. 海外并购整合阶段是整合风险治理的核心时期，这一阶段是整合风险的集中治理阶段，也是并购成败的决定性阶段。并购决策阶段、交易阶段未识别的整合风险因子以及未予治理的风险因子，在这一阶段将集中"爆发"。整合阶段需要对所有风险要素动态监测、全面评价，针对每一类风险要素的关键点实施风险控制措施。一是要全员化，即风险评价主体不仅要有高、中层管理人员，还应有基层员工代表；二是要建立海外并购整合风险的内部控制机制（包括控制环境、控制要素、控制关键点、控制主体、控制措施等）；三是要建立整合风险管理内部审计制度。

4. 在海外并购整合后的稳定阶段，整合风险重点风险领域及风险点都得到了控制。这一阶段的整合风险管理工作涵盖两个方面。第一是对海外并购整合风险的治理效果进行评估；第二是促进并购公司与海外目标公司战略、资源、业务的融合，培育整合后企业的核心竞争优势。

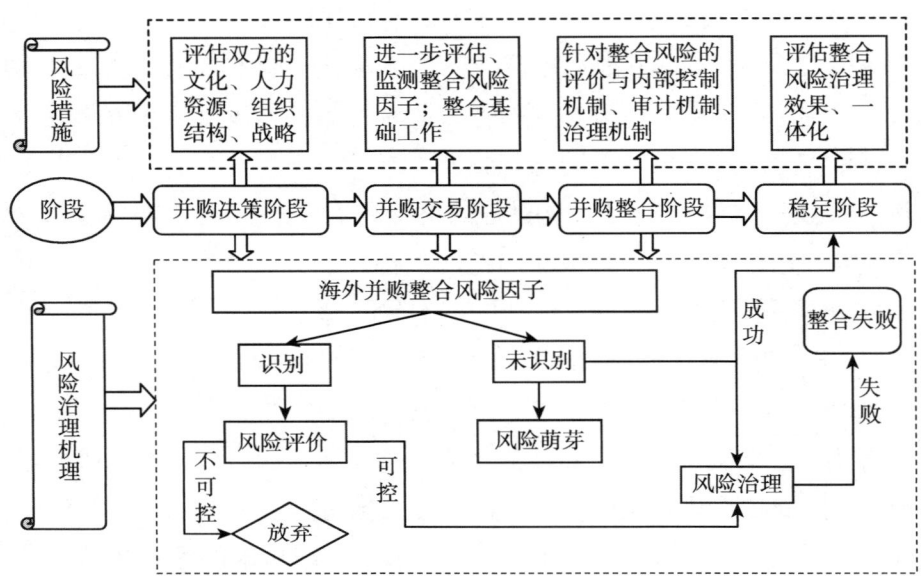

图 5-2　海外并购整合风险全过程防控思路

第四节　海外并购整合风险治理的关键措施

从治理机理三个层面的逻辑关系看，海外并购整合风险治理的关键措施是为治理导向服务的；同时，也是风险治理策略的具体化。关键措施的设计需要秉承有效性、健全性和适用性三个方面的原则。有效性是指整合风险治理措施对于风险因素应该有效；健全性是指治理措施能考虑到所有相关风险因素；适用性是指治理措施科学且可操作。基于前文对于海外并购整合风险诱因、衍化过程的分析，本书提出以下治理海外并购整合风险的关键举措。

1. 重视海外并购决策阶段对整合风险的评估。"好的开端等于成功的一半"，并购决策阶段对于整合风险的评估有助于将风险消除在萌芽阶段，是极为有效的整合风险治理举措。具体有两个方面的重要工作。第一个方面的重要工作是海外并购的全面审慎调查，即从战略、财务、经营业务、组织、国家与企业层面的文化、法律规制以及目标国宏观经济形势等多个角度，对目标企业及其所在国进行全面而深入的调研，获得第一手资料，从而对海外并购项目的整合风险及时作出评估及应对。第二个方面的重要工作是在并购实施前由双方委派专业人员组成整合工作小组。整合工作小组要对共同的愿景达成共识，并分析建立支持实现愿景的核心价值观，考虑并购后实现新愿景的独特能力。另外，整合工作小组要根据审慎调查工作的结论，拟订整合工作规划，就可能的整合风险提出建议。

2. 重视跨文化协调与管理。许多学者认为，文化差异与冲突是海外并购整合风险的重要诱因，因此，在海外并购中做好跨文化的协调与管理也是整合风险治理的关键措施。海外并购后的跨文化协调与管理需要解决好三个方面的重点问题：一是文化冲突的协调；二是员工行为模式的重整；三是员工价值观的重塑。为此，本书建议：首先要重塑新企业的愿景，以一个清晰的愿景和战略引领组织形成新的文化氛围。其次是实施跨文化交流与培训。培训的形式可以是多样的，培训的内容涵盖双方员工的思维模式、行为模式、认同的价值观、生活习惯、禁忌等。目的是使海外并购后的双方企业员工尽快形成跨文化适应能力、跨文化沟通能力、跨文化工作方式等。再次，构建新的规章制度、体系流程来约束并购后企业员工的行为模式。最后是实施文化激励，刺激员工形成文化的认同。文化激励的前提是使员工在和谐的文化氛围中体会到自身价值的实现，必要的时候文化激励要辅之以显性的利益刺激如薪酬激励。

3. 构建基于流程的海外并购整合风险内部控制机制。海外并购整合风险贯穿于并购活动的始终，那么，整合风险的内控机制也应该贯穿于海外并购决策、交易、整合以及一体化等4个阶段。基于COSO（1996）的内部控制五要素模型，本书认为，海外并购整合风险的内部控制机制可从以下方面着手：一是并购前对整合风险控制环境的审慎调研控制。控制内容包括审慎调研的目标、主体、执行程序、重点、报告等。二是基于并购审慎调研结果的风险评估过程控制。控制内容包括风险评估主体、关键指标、评估标准、评估结果的报告等。三是建立高效的整合风险管理信息系统与沟通机制。控制内容包括整合风险信息的识别、预警、处理、文化、管理模式的沟通等方面。四是针对流程的海外并购整合风险控制活动设计。包括各阶段关键风险点的识别、风险等级预警、控制措施等。五是对整合风险内控机制的监控。监控是对整合风险内控机制评价、改进的过程。监控机制包括相关部门对整合风险内控执行的持续监督、定期不定期的内部审计评价等。

4. 构建高效的知识转移和共享机制。知识可根据其复杂性与内隐程度分为显性知识与隐性知识。这些知识内嵌于企业人力资本、顾客资本（表现为营销渠道、顾客忠诚度等）、品牌资本、管理模式、业务流程、组织管理中。并购拥有特定知识的海外企业，是获取知识从而寻求发展的有效手段。知识转移的效率依赖知识转移的主体、情境、内容和媒介。因此，本书认为，知识转移与共享机制的建立应做到如下几点：首先，需要主体的认同，包括双方企业层面与个人层面的主体。其次是通过并购后学习型组织的培育，创建理想的情境。再者，在内容方面，显性知识、隐性知识应并重。显性知识经由正规的学习、培训活动便可实现；隐性知识则须通过正式与非正式的人际交流、指导或者信息技术的共享予以实现。最后，知识转移和共享的媒介应多样化。可以通过关系数据库、网络技术、电子会议、知识社区、知识地图、群件技术、计算机协同工作等来实现知识的充分共享。

结论与展望

第一节 结　　论

本书在现有理论研究的基础上，对海外并购整合风险的概念重新进行梳理；根据整合活动的特点，以我国企业海外并购实例为基础，并结合风险预警的特点，构建了海外并购整合风险预警机制与控制框架，分别对整合风险识别、整合风险预警和整合风险控制策略进行了研究，实现了对整合风险的识别、监测、诊断和防范处理，从而为有效提高我国企业海外并购整合的成功率提供了一条路径。

本书采用"文献研究法""专家调查法""实证研究法""案例分析法"等研究方法对我国企业海外并购整合风险进行了系统、深入的研究。主要完成了如下工作：

（1）建立了海外并购整合风险的内容体系。企业海外并购整合风险并非是从并购后的整合开始的，而是从并购决策开始，贯穿于并购整个过程当中。并购整合风险的控制应由编制整合计划、整合准备和整合实施3个阶段构成。并购整合风险是伴随着并购过程发生的，并购整合风险种类繁多，借鉴现有文献关于海外并购整合风险的研究，并结合我们前期的案例研究及调研，本书将我国企业海外并购整合风险的框架体系划分为战略整合风险、文化整合风险、组织整合风险、人力资源整合风险、财务整合风险和业务流程整合风险6个方面，本书称之为"六分法"。

（2）提出了从并购整合风险识别、并购整合风险预警和并购整合风险治理对策三个方面构建企业海外并购整合风险控制框架，并从风险运行机理角度解析了整合风险预警机制的运行机理，奠定了预警机制构建的基础。为实现并购整合风险预警机制的顺利运行，还提出应该在风险组织、风险信息收集和传递、风险责任、风险处理、风险预警文化等方面建立实施保障机制。

（3）解决了海外并购整合风险的评价与测度。通过分析并购关键整合风险的影响因素，并结合专家意见，构建了由 53 个指标构成的整合风险预警指标体系。由于每个海外并购企业的外部环境和内部资源存在不同，经营能力也有差异，影响整合风险的关键点也会有所不同，企业还须在预警基本指标体系的基础上采用"灰色关联度分析法"进行指标筛选，找出恰当关键指标，作为建立风险预警模型的基础。

（4）建立了基于"ANP 法"的风险预警模型。不同企业实施海外并购，产生的关键风险及风险因素会有所差别，不可能建立统一的风险预警模型，让单个企业只须输入指标值就能得到结果。因此，常用的 Logistic 模型、人工神经网络模型等并不适用。基于并购整合风险之间、风险影响因素之间存在的相互影响的关系，采用"ANP 法"是较好的选择。

（5）构建了我国企业海外并购整合风险的全面控制框架。我国企业海外并购实践中面临的整合风险是多元的、动态的，综合现有的文献研究以及大量的案例研究，本书提出了海外并购整合风险的全面控制框架。该框架的第一层面是整合风险控制的"基本导向"，主要解决并购整合风险控制的目标和原则。第二层面是对海外并购整合风险的识别、评价与测度，这是整合风险控制的前提。第三层面是海外并购整合风险的全面控制思路及实施举措，这是控制框架的核心与重点。

（6）从总体风险治理对策和分类风险治理对策方面提出了海外并购整合风险的全面控制框架。海外并购整合风险是多元化的，风险治理理应"分而治之"，针对每一种风险要素建立风险治理的关键点。另外，这些风险要素间相互联系、相互作用，风险治理又应"联而治之"，根据风险要素间的内在联系建立系统、联动的风险治理举措。从海外并购整合风险的衍化机理来看，其衍化路径是动态的；衍化历程涵盖并购决策、并购交易、并购后整合各阶段，整合风险治理应该秉承"全过程观"，海外并购整合风险的防控应该贯穿整个并购全过程，这是实施整合风险全过程治理的依据。本书提出了海外并购整合风险源头治理策略、分类治理策略和全过程治理策略。

第二节　研究的局限与展望

1. 研究局限。本书由于条件所限，存在以下不足：

（1）我国企业海外并购总样本较少，而且目标企业所处区域比较分散，无法分行业、分区域构建指标体系。

（2）指标的选择和权重确定带有一定的主观性，风险预警机制的有效性需要在实践中进一步检验，并不断加以改进。

（3）受样本量和企业内部信息保密限制，只能凭借专家经验主观判定单项整合风险间、风险指标间的相对重要性，无法用实证分析的方法分析其影响程度。

2. 研究展望。本书对企业海外并购整合风险预警机制进行了细致和深入的研究，要实现并购整合风险的全面风险控制需要有更进一步的研究：

（1）与其他管理系统相互衔接和协调。整合风险预警机制是企业管理系统的一个部分，应在企业整个管理系统内统筹考虑实施。如何协调整合风险预警机制与其他管理系统的关系使总系统的效益最大化，需要深入研究。

（2）单项整合风险间的因果关系研究。整合风险内部各项风险间存在着相互影响的关系，通过风险间因果关系的研究可找到风险应对的关键，减低风险应对成本。

（3）整合风险管理信息系统研究。通过整合风险管理信息系统的研究，形成整合风险管理数据库，可提高风险信息的获取和处理效率。

参考文献

［1］中国商务部. 中国对外投资发展报告［R/OL］. http：//www. mofcom. gov. cn/article/gzyb/.

［2］联合国贸易和发展组织（UNCTND）.2012年世界投资报告［R］.2012.

［3］HASPESLAGH P，JEMISON D. Managing acquisitions：creating value through corporate renewal［M］. New York：Free Press，1991.

［4］方祖一. 管理整合：企业购并中的管理创新和管理革命［J］. 北京商学院学报，2000（2）.

［5］邱明. 关于提高并购成功率的思考［J］. 管理世界，2002（9）.

［6］黄速建，令狐谙. 并购后整合：企业并购成败的关键因素［J］. 经济管理，2003（8）.

［7］韩蕾. 基于价值链嵌入视角的企业并购整合路径研究——以创维数字并购欧洲Strong为例［J］. 财会通讯，2019（10）.

［8］廖歆欣，刘运国，蓝海林. 境内证券公司集团海外并购的整合与协同效应——以海通证券对海通银行的并购与整合为例［J］. 管理现代化，2019（39）.

［9］史本叶，赵铮. 海外并购的融资模式与财富效应——基于A股上市企业海外并购交易数据的实证研究［J］. 东北师大学报（哲学社会科学版），2019（2）.

［10］任曙明，陈强，王倩，等. 海外并购为何降低了中国企业投资效率？［J］. 财经研究，2019（6）.

［11］高原，杨彩霞. 中国能源企业的海外并购效应研究——以中海油并购尼克森为例［J］. 财会通讯，2017（28）.

［12］张娟. 并购战略、整合能力与跨境并购——基于万向并购A123的案例研究［J］. 中国商论，2017（25）.

［13］韩俊华，王宏昌，刘博. 技术并购、整合与创新研究［J］. 科学管理

研究，2018（1）.

［14］赵曙明，张捷．中国企业跨国并购中的文化差异整合策略研究［J］．南京大学学报（哲学·人文科学·社会科学版），2005（5）.

［15］刘艳，刘明．文化逆势情境下的中国企业跨文化整合模式研究［J］．改革与战略，2015（11）.

［16］周建波，李婧．基于文化网络的跨文化整合探究——以友嘉集团为例［J］．中南财经政法大学学报，2018（6）.

［17］胡丰旭．中国石油企海外并购中的文化整合研究［J］．宏观经济管理，2017（S1）.

［18］何燕珍，武倩倩．扎根理论视角下企业海外并购的人力资源整合研究［J］．中国人力资源开发，2010（5）.

［19］李海燕．中国企业并购后的整合问题探析［J］．河南师范大学学报（哲学社会科学版），2016（6）.

［20］杨晓玥．浅谈中国企业海外并购后的财务整合——以中海油并购尼克森为例［J］．上海金融，2016（8）.

［21］李飞，陈岩，张李叶子．海外并购整合、网络嵌入均衡与企业创新质量［J］．科研管理，2019（2）.

［22］魏涛．中国企业海外并购的动因、机理与策略——基于无形资源跨国整合视角［J］．求索，2016（11）.

［23］拉杰克斯．并购的艺术：整合［M］．丁惠平，孙先锦，译．北京：中国财政经济出版社，2001.

［24］LARSSON R，FINKELSTEIN S. Integrating strategic, organizational, and human resource perspectives on mergers and acquisitions: A case survey of synergy realization［J］. Organization Science, 1999, 10（1）.

［25］孙淑伟，何贤杰，赵瑞光，等．中国企业海外并购溢价研究［J］．南开管理评论，2017（3）.

［26］王珂，张晓东．论企业并购后的整合管理［J］．经济师，2000（9）.

［27］高洁．企业并购整合问题研究［J］．现代管理科学，2003（12）.

［28］潘爱玲．企业跨国并购后的整合管理［M］．北京：商务印书馆，2006.

［29］王小干，杜晓君，马燕青．基于知识管理的企业并购后能力整合模

型——以宝钢为例 [J]. 科技管理研究, 2010 (8).

[30] 刘建, 李莉, 关宇航. 略论资源型企业海外并购整合与内部控制模式之构建 [J]. 现代财经（天津财经大学学报）, 2011 (1).

[31] 程兆谦, 杨若兰, 王世良. 企业并购后的5S整合管理 [J]. 企业管理, 2017 (10).

[32] 骆家骕, 崔永梅, 陈雯, 等. 并购财务困境企业整合路径研究——以国机并购二重为例 [J]. 会计研究, 2017 (7).

[33] 郑海龙, 李树丞. 基于企业并购的整合管理研究 [J]. 中国管理科学, 2002 (4).

[34] ROBERT A. BURGELMAN, MCKINNEY W. Research paper series [R]. Stanford University, 2005.

[35] 蒋冠宏. 我国企业跨国并购与行业内逆向技术溢出 [J]. 世界经济研究, 2017 (1).

[36] 普里切特, 鲁宾逊, 克拉克森. 购并之后：如何整合被收购公司 [M]. 凌晓萍, 译. 北京：中信出版社, 1999.

[37] 张金斗. 海外并购整合的风险控制：以中海油收购尼克森为例 [J]. 财务与会计, 2018 (11).

[38] SINATRA A, SINGH H. The management of corporate acquisitions: international perspectives [M]. Palgrave MacMillan: New York, 1994.

[39] DUNCAN N A, MEADOWS M. New integration strategies for post-acquisition management [J]. Long Range Planning, 2015, 4 (4).

[40] 夏光华. 中国企业跨境并购中的战略整合策略 [J]. 产业经济评论, 2016 (6).

[41] 蒋瑜洁. 中国企业跨国并购后的整合模式——以吉利集团并购沃尔沃汽车为例 [J]. 经济与管理研究, 2017 (7).

[42] 吴道友, 程佳琳. 企业跨国并购协同整合策略与情境匹配研究——一项模糊集定性比较分析（fsQCA）的尝试 [J]. 华东经济管理, 2019 (7).

[43] 顾露露. 中国企业海外并购失败了吗？[J]. 经济研究, 2011 (7).

[44] 郭立恂, 王晖蓉. 我国企业并购整合绩效研究 [J]. 统计与决策, 2005 (2).

[45] 林季红, 刘莹. 中国企业海外并购绩效研究——以并购整合为视角

[J]．厦门大学学报（哲学社会科学版），2013（6）．

［46］龚小凤．基于功效系数法的跨国并购整合绩效评价［J］．统计与决策，2013（3）．

［47］闫雪琴，孙晓杰．企业政治关联与跨国并购绩效——基于中国并购方数据［J］．经济与管理研究，2016（1）．

［48］杜群阳，项丹．资源获取型海外并购绩效及其影响因素的实证研究［J］．国际贸易问题，2013（10）．

［49］刘睿智，胥朝阳，周超．并购整合对企业并购绩效影响的实证研究［J］．北京交通大学学报（社会科学版），2014（2）．

［50］徐琴．中国企业海外并购绩效评价实证研究［J］．贵州财经大学学报，2018（5）．

［51］KOGUT B，SINGH H．The effect of national culture on the choice of entry mode［J］．Journal of International Business Studies，1988，15（8）．

［52］HENNART J F，PARK Y R．Greenfield vs. Acquisition：The Strategy of Japanese Investors in the United States［J］．Management Science，1993，39（9）．

［53］CHARMAN A．Global mergers and acquisitions：the human resource challenge Institute for international human resource［J］．Society for Human Resource Management，1999．

［54］HARRY G，BARKEMA，JOHN H J，et al. Foreign entry，cultural barriers and learning［J］．Strategic Management Journal，1996，17（2）．

［55］JEFFREY A．Brain drain：why top management bolts after M&As［J］．Journal of business strategy，2009，30（6）．

［56］傅明，张讷．如何防范并购法律风险［J］．上海国贸，2006（4）．

［57］徐芳．海外并购的额外法律风险及其对策——由"中海油并购优尼科案"引发的思考［J］．法商研究，2006（5）．

［58］杨春桃．中国企业海外并购现状及法律风险分析［J］．人民论坛，2013（23）．

［59］张学超，宣国良．汇率风险与跨国并购价值效应研究［J］．世界经济研究，2006（1）．

［60］孙文莉，谢丹，李莉文．宏观风险对中国企业海外并购成功率的影响研究［J］．经济学动态，2016（11）．

[61] 杨培强. 企业跨国并购的风险管理与防范 [J]. 企业经济, 2004 (9).

[62] 李诗, 吴超鹏. 中国企业跨国并购成败影响因素实证研究——基于政治和文化视角 [J]. 南开管理评论, 2016 (3).

[63] 赵保国, 李卫卫. 中国企业海外并购财务风险分析与对策研究 [J]. 中央财经大学学报, 2008 (1).

[64] 王会恒, 高伟. 企业并购财务风险分析及控制 [J]. 财会通讯, 2007 (7).

[65] 李新. 企业并购的财务风险及其防范 [J]. 对外经贸财会, 2004 (7).

[66] 王莉莉. 企业海外并购财务风险研究 [J]. 财会通讯, 2015 (17).

[67] 文唯, 郑明贵, 杨瑞成. 海外矿山并购财务风险评价模型的构建及应用——基于GA–AHP和云物元 [J]. 财会月刊, 2016 (21).

[68] 张海亮, 骆红. 企业金融化与海外并购财务风险 [J]. 企业经济, 2018 (8).

[69] 刘大明. 海外并购的税务风险管控 [J]. 财务与会计, 2013 (11).

[70] 王一舒, 王卫星, 何国民, 等. 关于企业海外并购税收风险指标体系及评估模型的构建 [J]. 税务研究, 2013 (11).

[71] 叶红, 尤姜, 郑天成, 等. 中国企业海外并购的典型税务风险及应对 [J]. 国际税收, 2015 (4).

[72] 王文静, 褚方圆, 刘丽丽. 企业跨境并购税务风险及对策分析——以中国企业"走出去"到哈萨克斯坦为例 [J]. 国际税收, 2017 (9).

[73] 李晓东, 郭新有. 中国企业海外并购风险分析 [J]. 现代管理科学, 2007 (1).

[74] 王立新, 胡挺, 胡素芬. 我国企业联合海外并购的动因及其经济效应——中国铁建和铜陵有色联合收购厄瓜多尔铜矿案例分析 [J]. 华东经济管理, 2011 (7).

[75] 田玉英, 黄昶生. 我国民企海外并购的动因及风险控制探讨 [J]. 管理现代化, 2012 (6).

[76] 吴光明, 施长江, 杨勇. 惠普&康柏并购的动因辨析及风险假设 [J]. 商业研究, 2003 (23).

[77] 钱鑫，朱信凯．中国企业海外并购的动因分析［J］．现代管理科学，2015（6）．

[78] 何小钢．中国企业海外并购特征、动因及其优化策略［J］．国际贸易，2015（12）．

[79] 魏涛．中国企业海外并购的动因、机理与策略——基于无形资源跨国整合视角［J］．求索，2016（11）．

[80] 宋林，彬彬．我国上市公司跨国并购动因及影响因素研究——基于多项Logit模型的实证分析［J］．北京工商大学学报（社会科学版），2016（5）．

[81] 刘青，陶攀，洪俊杰．中国海外并购的动因研究——基于广延边际与集约边际的视角［J］．经济研究，2017（1）．

[82] 唐晓华，高鹏．全球价值链视角下中国制造业企业海外并购的动因与趋势分析［J］．经济问题探索，2019（3）．

[83] 李玉梅，桑百川．后金融危机时期企业海外并购的风险与控制［J］．国际经济合作，2010（12）．

[84] 廖东声，刘曦．中国制造业企业海外并购问题研究［J］．会计之友，2017（2）．

[85] 张子刚，程志勇．跨国并购的风险防范［J］．企业改革与管理，2004（6）．

[86] 赵敏．企业并购的风险及并购后的整合［J］．商业经济与管理，2000（5）．

[87] 桑一，刘晓辉．能源企业海外并购战略与风险识别分析——以中海油并购尼克森为例［J］．财务与会计，2014（1）．

[88] 王永蓁．企业海外并购风险的识别与评估［J］．重庆社会科学，2015（12）．

[89] 刘海云，杨文静．我国LED企业跨国并购的风险及应对之策——以金沙江GO Scale Capital收购Lumileds为例［J］．对外经贸实务，2016（5）．

[90] 孙文莉，谢丹，李莉文．宏观风险对中国企业海外并购成功率的影响研究［J］．经济学动态，2016（11）．

[91] 苏丽娟．中国药企海外并购面临的风险与防范策略［J］．对外经贸实务，2018（3）．

[92] JEMISON D，SITKIN S．Corporate acquisition：a process perspective

[J]. Academy of Management Review, 1986, 11 (1).

[93] 威斯通, 等. 兼并、重组与公司控制 [M]. 唐旭, 等译. 北京: 经济科学出版社, 1998.

[94] GREENGARD S. Due Diligence: The devils in the details [J]. Workforce. 2000.

[95] 冉宗荣. 我国企业跨国并购的整合风险及应对之策 [J]. 国际贸易问题, 2006 (5).

[96] 刘青, 陶攀, 洪俊杰. 中国海外并购的动因研究——基于广延边际与集约边际的视角 [J]. 经济研究, 2017 (1).

[97] 陈平. 我国企业海外并购整合风险生成机理研究——一项跨案例研究 [J]. 新会计, 2015 (9).

[98] 王少杰. 中国企业海外并购主要风险及应对策略 [J]. 特区经济, 2016 (9).

[99] ASHKENAS R N, DEMONACO L J, FRANCIS S C. Making the deal real: how GE capital integrates acquisitions [J]. Harvard Business Review, 2000.

[100] GADIESH O, ORMISTON C, ROVIT S, Achieving an M&A's strategic goals at maximum speed for maximum value [J]. Strategy & Leadership, 2003, 31 (3).

[101] 诺兰, 王晓强. 美国军工重组对中国产业整合的启示 [J]. 战略与管理, 1997.

[102] JEFFERY S. P. THOMAS J H. Mergers and acquisitions: Reducing M&A risk through improved due diligence [J]. Strategy & Leadership, 2004, 32 (2).

[103] 蒙大斌, 蒋冠宏. 中国企业海外并购与产业竞争力——来自行业层面的证据 [J]. 世界经济研究, 2016 (4).

[104] 韩震, 惠宁. 我国有色金属企业海外并购整合风险分析及对策研究 [J]. 有色金属工程, 2012 (5).

[105] 袁天荣, 杨宝. 企业海外并购整合风险机理: 诱因、衍化与治理 [J]. 海南大学学报 (人文社会科学版), 2014 (3).

[106] 程达军. 中国企业海外并购文化整合风险的结构与管理 [J]. 商业时代, 2013 (15).

[107] 任云龙. 海外并购整合财务风险防范与控制的几点建议 [J]. 财务与

会计，2018（8）.

[108] 张方方. 中国企业跨国并购整合风险分析[J]. 现代商业，2014（20）.

[109] 程慧. 企业海外并购整合风险控制框架构建[J]. 财会通讯，2016（2）.

[110] 奈特. 风险、不确定性与利润[M]. 安佳，译. 北京：商务印书馆，2010.

[111] NOTTINGHAM L. Integrated risk management[J]. Canandian Business Review，1996.

[112] PATRICK P J F. A comparison of ratios of successful industrial enterprises with those of failed firms[J]. New York：Certified Public Accountant，1932.

[113] BEAVER W H. Financial ratios as predictors of failure[J]. Journal of accounting research，1966.

[114] ALTMAN E. Financial ratios，discriminant analysis and the prediction of corporate bankruptcy[J]. Journal of Finance，1968，23（4）.

[115] OHLSON J A. Financial ratios and the probabilistic prediction of bankruptcy[J]. Journal of Accounting Research，1980.

[116] ZMIJEWSKI M E. Methodological issues related to the estimation of financial distress prediction models[J]. Journal of Accounting Research，1984.

[117] AZIZ A，EMANUEL D C，Lawson G H. Bankruptcy prediction – an investigation of cash flow based model[J]. Journal of Management Studies，1988，25（5）.

[118] 阎平，彭立林. 企业并购财务风险预警系统的构建[J]. 西安工程科技学院学报，2007（2）.

[119] 张玮. 企业财务风险预警模型构建中现金流量分析法的运用[J]. 现代财经（天津财经大学学报），2007（6）.

[120] 徐伟，陈丹萍. 财务风险预警建模原则及几种预警新模型[J]. 统计与决策，2016（8）.

[121] 潘泽清. 企业债务违约风险 Logistic 回归预警模型[J]. 上海经济研究，2018（8）.

[122] 熊毅，张友棠. 基于 F 计分值的上市公司财务风险预警研究[J]. 管

理现代化，2019（1）.

[123] 张振陵，郑玉刚，靳代平. 基于知识管理的企业并购文化风险预警研究［J］. 企业经济，2008（11）.

[124] 刘烨，于涛，曲怡霏. 我国 CEO 人力资本、激励机制与跨国并购绩效——来自沪深股市的经验数据（2010—2015）［J］. 产业经济评论，2017（3）.

[125] 熊勇清，胡明. 企业并购中的文化风险及其度量模型探讨［J］. 科技进步与对策，2005（12）.

[126] 林新奇，王富祥. 中国企业"走出去"的人力资源风险及其预警机制［J］. 中国人力资源开发，2017（2）.

[127] 张丽萍. 探究企业海外并购中财务整合与风险防范的策略［J］. 商场现代化，2015（31）.

[128] 叶政. 基于模糊层次（F-AHP）分析法的跨国并购整合风险综合评价［J］. 中国注册会计师，2015（6）.

[129] 张新民，黄晓蓓，郑建明. 外资并购与我国产业安全：综述及研究展望［J］. 国际贸易问题，2012（4）.

[130] 高伟凯，徐力行. 外资并购下发达国家产业安全防范体系的比较研究——对我国装备制造产业安全防范的启示［J］. 国际贸易问题，2008（1）.

[131] 钟耕深，徐宁. 企业并购整合中的隐性知识共享机制［J］. 山东大学学报，2007（1）.

[132] BRUNSMAN B, SANDERSON S, VOORDE M V D. How to achieve value behind the deal during merger integration［J］. Oil & Gas Journal, 1988, 96 (37).

[133] 胥朝阳，周婉怡. 企业并购风险的分段识别与系统控制［J］. 科技进步与对策，2004（6）.

[134] 崔永梅，余璇. 基于流程的战略性并购内部控制评价研究［J］. 会计研究，2011（6）.

[135] 丁友刚，胡兴国. 内部控制、风险控制与风险管理——基于组织目标的概念解说与思想演进［J］. 会计研究，2007（12）.

[136] 刘永胜，白晓娟. 供应链风险预警指标体系研究［J］. 物流技术，2006（10）.

［137］陈守东,杨莹,马辉.中国金融风险预警研究［J］.数量经济技术经济研究,2006（7）.

［138］查普曼,沃德.项目风险管理:过程、技术和洞察力［M］.李兆玉,等译.北京:电子工业出版社,2003.

［139］威廉斯,史密斯,扬.风险管理与保险［M］.8版.马从辉,刘国翰,译.北京:经济科学出版社,2000.

［140］LIKERT, RENSIS., A technique for the measurement of attitudes［J］. Archives of Psychology, 1932.

［141］HADDON W Jr. On the dscape of tigers. : an ecological note［J］. American Journal of Public Health and the Nations Health, 1970, 60 (12).

［142］袁天荣,杨宝.海外并购整合风险控制框架研究［J］.中南财经政法大学学报,2013（2）.

［143］王长征.并购整合:通过能力管理创造价值［J］.外国经济与管理,2000（12）.

［144］潘爱玲,吴世农.基于能力管理的跨国并购整合战略［J］.广东社会科学,2007（4）.

［145］王稳,王东.企业风险管理理论的演进与展望［J］.审计研究,2010（4）.

［146］杜晓君,刘赫.基于扎根理论的中国企业海外并购关键风险的识别研究［J］.管理评论,2012（4）.

［147］周路路,赵曙明,王埏.企业跨国并购后不同整合阶段控制机制选择——以北京四维-约翰逊公司为例［J］.软科学,2012（3）.

［148］STAHL G K, VOIGT A. Do cultural differences matter in mergers and acquisitions? A tentative model and examination［J］. Organization Science, 2008, 19 (1).

［149］SIRMON D G, LANE P G. A model of cultural differences and international alliance performance［J］. Journal of international Business Studies, 2004, 35.

［150］于培友,吴俊芳.企业技术并购后整合中的知识转移研究［J］.科研管理,2006（5）.

［151］包婷婷.中国并购市场发展现状、原因及未来发展趋势分析［J］.现代管理科学,2017（10）.

[152] 施维格. 整合——企业并购成功之道 [M]. 李远慧,译. 北京: 中国财政经济出版社, 2004.

[153] 张玉兰, 柯海洋, 王薇, 等. 民营企业海外并购价值创造评价体系构建与应用 [J]. 会计之友, 2016 (19).

[154] 刘淑敏. 国有石油企业海外并购财务风险与对策 [J]. 中国总会计师, 2014 (3).

[155] 王宇, 李延霞. 2010 世界经济前瞻: 站在新十年起点上的全球经济 [R/OL]. http://theory.people.com.cn/GB/10705386.html.

[156] 魏涛. 中国企业海外并购面临的特有风险及防范策略——基于无形资源视角的分析 [J]. 会计之友, 2016 (24).

[157] 蒋冠宏. 我国企业跨国并购真的失败了吗？——基于企业效率的再讨论 [J]. 金融研究, 2017 (4).

[158] 庞磊. 企业海外并购与母国技术进步"门槛"效应测度——机理分析与 OECD 国家的实证 [J]. 科学学研究, 2017 (4).

[159] DUNNING J H. International production and the multinational enterprise [M]. George Allen & Unwin, 1981.

[160] 钟耕深, 徐宁. 企业并购整合中的隐性知识共享机制 [J]. 山东大学学报, 2007 (1).

[161] 波特. 竞争优势 [M]. 陈小悦, 译. 北京: 华夏出版社, 2005.

[162] RICHARDSON G B. Information and investment [J]. Oxford: Oxford University Press, 1960.

[163] PENROSE E T. The theory of the growth of the firm [J]. Oxford: Oxford University Press, 1959.

[164] WEMERFELT B A. Resource-based view of the firm [J]. Strategic Management Journal, 1984, 5 (2).

[165] RUMELT R P, LAMB R B. Competitive strategic management [M]. Englewood Cliffs, N, J: Prentice-Hall, 1984.

[166] BARNEY J B. Organizational culture: Can it be a source of sustained competitive advantage? [J]. Academy of Management Review, 1986.

[167] DIERICKX, COOL K. Asset stock accumulation and sustainability of competitive advantage [J]. Management Science, 1989, 35 (12).

[168] 伯利, 米恩斯. 现代公司与私有财产 [M]. 甘华鸣, 罗锐韧, 蔡如海, 译. 北京: 商务印书馆, 2005.

[169] COASE R H. The nature of the firm [J]. Economica, 1937, 4 (16).

[170] HOFSTEDE G. Culture and organization: software of the mind [M]. London: Mc Graw–Hill, 1991.

[171] HEINRICH H W. Industrial accident prevention [M]. New York: McGraw–Hill, 1959.

[172] 孙烁, 赵爱玲. 影响中国企业海外并购成败的因素研究 [J]. 企业改革与管理, 2017 (13).

[173] 魏涛. 中国企业海外并购中的代理问题与治理机制——基于无形资源获取的视角 [J]. 贵州财经大学学报, 2016 (6).

[174] 程达军. 中国企业海外并购文化风险管理研究述评 [J]. 深圳职业技术学院学报, 2014 (4).

[175] 程达军. 中国企业海外并购文化整合风险的结构与管理 [J]. 商业经济研究, 2013 (15).

[176] 崔强, 孙珺. 我国企业海外并购的风险及对策 [J]. 中国商贸, 2011 (32).

[177] 陈忠卫. 战略管理 [M]. 大连: 东北财经大学出版社, 2011.

[178] 钱德勒. 战略与结构: 美国工商企业成长的若干篇章 [M]. 孟昕, 译. 昆明: 云南人民出版社, 2002.

[179] SHIMIZU K, MICHAEL A, HITT, et al. Theoretical foundations of cross–border mergers and acquisitions: A review of current research and recommendations for the future [J]. Journal of International Management, 2004, 10 (3).

[180] 商迎秋. 企业战略风险识别模型构建 [J]. 技术经济与管理研究, 2011 (1).

[181] 刘传艳, 刘文锋. 并购中的企业文化整合 [J]. 现代商贸工业, 2016 (1).

[182] CHATTERJEE S, ROBERT M, WISEMAN, et al. Integrating behavioural and economic concepts of risk into strategic management: the twain shall meet [J]. Long Range Planning, 2003, 36 (1).

[183] 刘汉青. 我国企业跨国并购中文化整合的问题和对策研究 [J]. 经营

管理者, 2017 (22).

[184] 黎正忠. 并购企业的文化整合影响因素及策略研究 [D]. 广州：暨南大学, 2006.

[185] HABECK M, MICHAEL F R. After the merger: seven rules for Successful post – merger integation [M]. London: Pearson Education Limited, 2000.

[186] 卡特赖特. 文化转型——企业成功的基础 [M]. 郁启标, 姚志勇, 译. 南京：江苏人民出版社, 2004.

[187] 安德烈, 等. 组织行为学 [M]. 史烽, 周劲波, 译. 北京：机械工业出版社, 2012.

[188] BUONO A F, BOWDITCH J L. The human side of mergers & acquisition: Managing collisions between people culture and organizations [M]. San Francisco, CA: Jossey – Bass, 1998.

[189] BIRKINSHAW J, BRESMAN H. Managing the post – acquisition integration process: how the human integration and task integration process interact to foster value creation [J]. Journal of Management Studies, 2002, 37 (3).

[190] KAHNEMAN D, TVERSKY A. The framing of decisions and the psychology of choice [J]. Science, 1981, 211 (4481).

[191] 汉迪. 管理之神：组织变革的今日与未来 [M]. 崔姜薇, 译. 北京：北京师范大学出版社, 2006.

[192] CARTWRIGHT S, COOPER C L. The role of culture compatibility in successful organizational marriage [J]. Academy Management Review, 1993, 7 (2).

[193] 徐宁. 企业并购后的业务流程整合模式及其适用性 [J]. 当代经济管理, 2012 (4).

[194] 国资委. 中央企业全面风险管理指引（国资发改革2006年第108号）[S].

[195] 李弘, 韩宝. 中国企业海外并购中跨文化整合风险分析及管控策略 [J]. 经营管理者, 2017 (7).

[196] SAATY T L. Decision making with dependence and feedback: The analytic network process [M]. Pittsburgh, PA: RWS Publications, 1996.

[197] 叶映. 并购企业的人力资源整合研究 [J]. 改革与战略, 2004 (6).

[198] 罗帆, 金占涛. 基于心理契约的企业并购人员动态管理 [J]. 重庆大

学学报，2005（6）.

［199］刘文纲．跨国并购的品牌资源整合策略选择［J］．商业研究，2010（1）.

［200］赵曙明，张捷．中国企业跨国并购中的文化差异整合策略研究［J］．南京大学学报，2005（5）.

［201］杨春方．跨国并购中的文化整合案例研究［J］．中国集体经济，2009（18）.

［202］潘爱玲．跨国并购中文化整合的流程设计与模式选择［J］．南开管理评论，2004（6）.

［203］王箫滢．浅析我国企业海外并购财务风险问题的研究［J］．经济研究导刊，2016（21）.

［204］郭朗．浅议海外并购后的整合管理——以机电股份并购PTG为例［J］．中国市场，2016（36）.

［205］叶建木，王洪运．跨国并购风险链及其风险控制［J］．管理科学，2004（5）.

［206］徐振东．跨国并购风险及控制的主要途径［J］．中国工业经济，2000（5）.

［207］李东红．中国企业海外并购：风险与防范［J］．国际经济合作，2005（11）.

［208］张军城．企业跨国并购中的风险识别与防范［J］．商场现代化，2006（2）.

［209］龙杨华．运筹帷幄，决胜千里——从TCL并购汤姆逊看跨国并购的风险［J］．特区经济，2005（8）.

［210］隋敏，赵学强．对我国企业跨国并购风险的再思考——由联想收购IBM PC业务引发的联想［J］．山东经济，2005（4）.

［211］杨波，魏馨．中国企业海外并购的困境与对策［J］．宏观经济研究，2013（6）.

［212］胡玲．并购后整合的风险与关键［J］．经济管理，2004（3）.

［213］宋秀珍，徐霞．基于模糊综合评判的民营企业海外并购风险研究——以美的电器并购开利拉美为例［J］．会计之友，2013（12）.

［214］王宛秋，张永安．我国企业海外并购的整合风险及对策［J］．生产力

研究，2008（22）．

［215］姚俊宇．中国企业海外并购财务风险规避案例研究［J］．金融经济，2017（2）．

［216］冉宗荣．我国企业跨国并购的整合风险及应对之策［J］．国际贸易问题，2006（5）．

［217］郭朗．浅议海外并购后的整合管理——以机电股份并购 PTG 为例［J］．中国市场，2016（36）．

［218］许凯．企业海外并购风险成因及对策措施［J］．经营与管理，2014（6）．

［219］朱殿柱．跨国并购整合风险研究［D］．武汉：华中科技大学，2003．

［220］张金杰．中国企业海外并购的新特征及对策［J］．经济纵横，2016（4）．

［221］贾镜渝，李文．距离、战略动机与中国企业跨国并购成败——基于制度和跳板理论［J］．南开管理评论，2016（6）．

［222］KUMAR M，MOORTHY U，PERRAUDIN W. Predicting emerging market currency crashes［J］. Journal of Empirical Finance，2003，10（4）．

［223］高振明，庄新田，黄玮强．社会网络视角下的并购企业文化整合研究［J］．管理评论，2016（9）．

［224］曾栌佳．中国企业海外并购的文化整合——以吉利并购沃尔沃为例［J］．财务与会计，2013（6）．

［225］张学勇，柳依依，罗丹，等．创新能力对上市公司并购业绩的影响［J］．金融研究，2017（3）．

［226］马慧芬．海外并购整合风险分析及其内部控制设计［J］．国际商务财会，2014（8）．

［227］王箫滢．浅析我国企业海外并购财务风险问题的研究［J］．经济研究导刊，2016（21）．